# 親鸞はどこにいるのか

信楽峻麿

法藏館

親鸞はどこにいるのか＊目次

目　次

# 親鸞はどこにいるのか

# はじめに

私は若いころより、いちずに親鸞の教学について学問、研究してきましたが、その一方で、私の所属する西本願寺の教団とその教学の現実状況が、親鸞の意趣と、大きく乖離していることについて、いろいろと問題を感じておりました。それでかつて、昭和三六（一九六一）年に親鸞聖人の七百回遠忌法要が勤まった時、全国の末寺から、その住職に引率されて、多くの門信徒たちが、その法要に参拝したわけですが、その法要後に、この人たちは、京都の観光にでかけました。そこでは、主として京都伏見の稲荷大社や北野の天満宮などを訪れたようです。それについて、当時の一般の新聞が、「盛んなついで詣で」という、写真つきの見出しで、大きく本願寺教団が、一向専修の宗旨にそむいて、雑行雑修なる、信仰状態に転落していることを、するどく批判しました。この記事は、私にとっては大きなショックでしたが、私の畏友の西光義敞氏も驚いたようで、そのあと、西光氏が私を訪ねてきて、いまこそ西本願寺教団のあり方を改革すべきだと説得され、相はからって、また私の周辺の龍谷大学の真宗学教員とも語らって、「教団改革をすすめる会」を結成し、旗あげをして全国の心ある僧侶と門信徒に呼びかけました。それでまたたくまに、四百名あまりの賛同者があり、その後には『教団改革』という冊子を発刊し、全国からのさまざまな意見と希望を集約しながら、全国大会を開催し、また各地における大会も催しながら気勢をあげ、また私自身も九州から北海道まで各地を巡歴して、その趣旨の徹底をはかりました。しかし、地方の住職、僧侶は、総論では賛成しながらも、自分から会員となって、ともに行動しようとするものはほとんどいませんでした。かくして、その会員も五百名どまりで、それ以上はほとんど増加することもありませんでした。

門信徒の方々の熱意に比べると、僧侶の人人の関心は、あまりにも低調でした。西本願寺教団には、一万の末寺があり、五万の僧侶がいるといわれますが、自分の所属する教団の将来に危機感を抱き、新しい未来を創出しようという有志は、何ほどもいないということが、よくよく分かってきました。僧侶、住職が、その意識をもたないかぎり、教団改革をすすめようがありません。それで、改革運動をスタートしてから十年目に、この運動を中止し、その会も解散いたしました。ひとえに私たちの非力によるものですが、全国の末寺の住職、僧侶の意識が無関心であるかぎり、どうしようもありません。

今日では、過疎問題や社会構造の変化などで、地方の寺院も、都市の寺院も大きな岐路に直面しておりますが、教団当局は、いまもって何らの解決策も示しえず、自然淘汰にまかせているようですが、これでは西本願寺の末寺は絶望的でしょう。いまこそ徹底した教団改革が必要でありましょう。

ところがまた、私が龍谷大学を退職したのち、教学関係の会で差別発言事件がおこり、その結着をはかるために監正局長（最高裁長官相当職）に就任することとなりましたので、これを機会に、教団内部から改革の楔《くさび》の一本でも打ちこめないかと思いましたが、内部から見た実際の教団状況は、門主権が貫徹したところの、まったく形骸化した旧い組織でしかなく、何らの手の打ちようもないと思い知ったことです。これでは、本願寺教団は、現実の社会状勢に、何ら対応することはできず、時代の動向に取りのこされて、ついには社会とは無縁な存在となっていくことでありましょう。

そしてまた、かつて私は、平成一七（二〇〇五）年に、これも教団改革の一環として、若い僧侶たちと語らって、「本願寺九条の会」を結成し、独自の運動を展開してきました。ところが、西本願寺当局より、本願寺の名称を使用することはまかりならぬといわれました。それで、真宗が奉じている『無量寿経』には、「兵戈無用《ひょうがむよう》」（武器をもってはならぬ。

戦争をしてはならぬ）と教言されているではないかと反論しましたが、経典に何と説かれていようとも、本願寺には、「憲法」を改めて、日本を戦争のできる国にすべきだという僧侶が多くいるから、絶対に不可だということでした。これが今日の西本願寺当局の実態です。自分たちの奉じる経典の教言も棚あげして、現実の状況に妥協するわけです。これで西本願寺教団は、まことの教団といいうるのか。この教団は、教法も信心もない、たんなる世俗の集団でしかないことが、よくよく分かりました。これでは、この本願寺に、親鸞はまったく不在です。そこで私たちは、会名を「念仏者九条の会」と改め、いまも一、二〇〇〇名の会員を擁して、毎年全国大会を開催するなど、頑張っております。新しい会員の参加をお待ちしております。

この西本願寺教団は、すぐる昭和一二（一九三七）年の七月に、日中戦争がはじまると、それは明らかに中国大陸に対する侵略戦争であるにもかかわらず、いちはやくそれを「聖なる戦い」「聖戦」と呼んで、親鸞の教言「世のなか安穏《あんのん》なれ」（『親鸞聖人御消息集』真聖全二、六九七頁）という文章まで引用しながら、その戦争に全面的に賛同し、教団をあげて協力していったわけですが、かつての戦争協力にも明確には自己批判することなく、いままた戦争に賛成するとはどういうことか。このままだとするならば、日本国では、これから「憲法」を改悪して戦争のできる国にするという流れが生まれていますが、西本願寺教団は、またぞろ、そのような国家体制に同調して、戦争に賛成し、全国の信者をして、その戦列に動員していくのではありませんか。恐ろしいことです。西本願寺には、そのような過去を厳しく省み、未来を明らかにおもんばかって、自らの正しい進路を見とおせるような識者はいないのか。

なおまた、この西本願寺教団の教学問題については、私は若いころより、親鸞の本義、その根本意趣を探ねて研究、学問しましたので、伝統教学者からは、ことごとに批判され、弾圧されてきました。私が若いころ、真宗学にかかわる研究論文を、龍谷大学の学術雑誌に掲載するたびに、ただちに西本願寺の勧学寮から呼びだされて、クレームがつけられました。そのことは、のちには、まったく日常化されて、研究論文の発表と、勧学寮の批判はセットとなりました。また私が真宗学の論考を一冊の著作にまとめて出版したら、勧学寮に呼びだされ、その著書のほとんど全てのページに赤ペンの線が引かれ、それはすべて誤りであるといわれました。しかしながら、その著作は世間では好評で、とてもよく売れました。

ことほど左様に、私の親鸞研究の論考は西本願寺の勧学寮からは、弾圧され、排除されてきましたが、後学のために、あえて公表しますと、私の主張と勧学寮の見解の対立については、大きくは三点があります。

その第一点は、私の真宗信心理解については、信心を開発すると、その人に人格変容が生まれて、その現実生活に、何らかの新しい生き方が生まれてくるという主張について、勧学寮は、徹底し、弾劾してきました。信心を開発しても、その人の人生生活には、何ら関係はないというのです。そこで私は、親鸞は、信心を開発したら、正定聚に住し、不退転地に至る、そうすれば、現生に十種の利益がめぐまれるといっているではないかと反論しましたら、そういう教言は、すべて法徳についていったもので、現実の人生生活に何ら表出してくるものではないというのです。そこで、親鸞は、信心の人について、「仏に成るべき身と成った人」といい、またその信心の生き方について「信心のしるし」を生きると教言しているではないかと反論しましたが、そのような親鸞の教言については黙殺して、ただ一方的に、私の信心が自力であるというわけです。そこで、そのような対論によって明白になったことは、真宗の信心が、その人の生活に関係があることを、徹底して否定する教学者は、すべて戦時教学者であるということでした。彼らにとっては、真宗信心を開発したものは、その必然として、その人生生活、その言動に関係あるということを認めると、彼らの戦時中の言動からすれば、その信心はまったく虚偽、虚妄であったといわざるをえないことになるから、信心と生活、その言動は、まったく無関係だといわざるをえなかったのです。そのことが、この議論の中で明瞭になってきました。彼らは、かつての戦時教学では、自分の信心をあげて天皇のために捧げるといって、信心とその生活が関係あるといいながら、戦後においては、信心とその生活、その言動とは、信心は如来の名号をいただくものであり、生活は人間本有の理性によるもので、両者はまったく関係がないというのです。彼らの主張が、すべて自己弁護のためのものであって、親鸞の教示と矛盾、対立することは明白です。彼らの教学の無責任性がよくよく知られてきました。

そしてまた、私が勧学寮によって弾劾された第二点は、私が、信心を開発するためには、親鸞の教示を継承して、その日常生活において、日日の称名を策励すべきであると主張したことを取りあげて、真宗の常教は、信心正因、称名報恩であって、信心開発以前に、称名念仏を語るとは、もってのほかであるということでした。

私の郷里の広島では、石泉僧叡の教学の流れを汲むものが多く、私の曽祖父は、それにかかわる教学者でもあったことから、信前の称名念仏を厳しく教えられてきました。それでそのことを主張したわけですが、勧学寮に呼びだされて、きつく弾劾されました。念仏を申して、本願寺から叱られるとは驚きでした。

そこで、私は自坊で日曜学校や幼稚園を経営しており、そこではその子供たちに、できるだけ大きな声で、毎日称名念仏することを教えておりますが、そのような信前の称名念仏をすすめるのは異安心ですか。あなたたちの家庭では、子供や孫たちに、仏参や食事の時に、合掌、念仏をすすめることはしないのですかと質問したら、何の返答もかえってきませんでした。もちろん勧学寮ではお念仏の声はまったく聞こえてきませんでした。そこで私が改めて、親鸞の教言の、

往生を不定におぼしめさんひとは、まづわが身の往生をおぼしめして、御念仏さふらふべし。

（『親鸞聖人御消息集』真聖全二、六九七頁）


という文は、どう理解しますか、と質問したところ、その勧学寮頭が、とたんに大きな声で、「馬鹿もん。そんな文章がどこにあるか。」と怒鳴られました。真宗信心に生きている人とは思えぬ罵詈雑言をあびせられました。

そこで側にいた事務員に、『真宗聖教全書』をもってきてもらい、その文章を見せまし

たところ、不機嫌そうに、随分と長くこの文章を眺めておりましたが、きょうはこれで終わるといって一方的に引き上げていきました。それからのち、この人は信心問題については、二度と私の前にあらわれることはありませんでした。これほど明白なはずの親鸞の教言を読んだことのないようなものが、教学の最高責任者になっているとは驚きでした。しかしながら、西本願寺の伝統教学の実態とはそういうものです。かつて臨済宗妙心寺では、学歴よりも政治力よりも、師について何年坐ったか、その坐禅道場ですごした年数によってこそ、僧位の上下が決定されると聞きましたが、この西本願寺では、学問よりも、信心（廻心）体験の有無よりも、もっぱら政治力によってこそ、その上下が決定するようです。まことに、笑止千万というほかはありません。かくして、西本願寺の伝統教学では、真宗における信心が、どのようにして成立するのかという質問に対しては、まったく答えることができません。すべて二元論的に、信心とは、名号を「もらう」ことである、とだけ解説するだけで、一声の称名念仏も勧励せずして、まことの信心体験、その廻心体験が成立するはずはないでしょう。

親鸞は、真宗における信心体験開発のための行道については、その〈無量寿経〉の教示にもとづいて「聞名信心」の行道について明かし、また龍樹浄土教を継承して、礼拝、称

名、憶念なる三業奉行の道を教示しているところです。すなわち、親鸞が、その『高僧和讃』（龍樹章）に、

不退のくらゐすみやかに　えんとおもはんひとはみな　恭敬の心に執持して　弥陀の名号称すべし。（真聖全二、五〇二頁）

と明かして、すみやかに不退転地、信心を開発するためには、「恭敬心」（礼拝、憶念）をもって称名すべしと教言しているところです。日日に称名念仏しながら、その私から仏への称名が、そのまま、仏から私への仏の呼び声であると聞こえてくる。そのような聞名体験こそが、真実の信心体験なのです。かくして称名と信心、行と信とは即一であって、称名のともなわない信心は成りたつはずがありません。

親鸞が、

行をはなれたる信はなしときて候。又信はなれたる行なしとおぼしめすべし。（『末灯鈔』真宗全二、六七二頁）

と明かすところです。

なおまた、その勧学寮との対論において、私がしばしば親鸞の教言を引用して反論していたら、その当事者が、親鸞が何をいおうと、お前の信心の正否は御門主が決定することだ、といわれて、驚いたことがありますが、西本願寺では、真宗信心の正否は、親鸞の教言によるものではなく、門主一人の権限で決定するというのです。この本願寺には、親鸞はまったく不在であるということを思い知らされた瞬間でした。

そしてまた、私が勧学寮から弾劾された第三点は、私が親鸞の教言「信ずるこころのいでくるは、智慧のおこるとしるべし」(『正像末和讃』左訓)の文によって、真宗信心とは「めざめ」体験であって、主客一元論であると主張したことです。この時には、別の勧学寮頭がでてきて、真宗とは、「落ちるものをお助けくださる救済教」であるから、主客二元論だというわけです。それで私は、親鸞は、浄土真宗とは、「一乗究竟の極説」(『教文類』真宗全二、四頁)、「大乗のなかの至極なり」(『末灯鈔』真宗全二、六五八頁)などといっているではないか。真宗は大乗仏教で、親鸞も、煩悩即菩提、生死即涅槃といっているところでは、真宗は一元論であろう、と反論しましたが、真宗は大乗仏教だといっても、救済教だから、「落ちるものをお助けくださる救済の教えである」ということを繰りかえすばかりで、まったく話がかみあいませんでした。最後には、しばしば料亭にまで招かれて、酒肴をすすめながら説得されるということがありました。

しかしながら、そのころには、私は龍谷大学で重要な役職を担っておりましたので、そんなことに付きあう時間もありませんでした。それで意を決して、「あなたのような主客二元論の信心ならば浄土に往生できるが、私のような一元論の信心では浄土に往生できない。地獄に堕ちると、あなたは、本気でそういわれるのですか」とつめよったところ、その勧学寮頭は、「そんなことはいっていない。見解の相違だ」と返答されたので、「たんなる見解の相違だというのなら、あなたは、私の信心領解について、批判の論文を書いて世間に公表してください。私もそれを受けて、必ず反駁論文を書いて公表します。それで世間の識者、学者に、その是非を判定してもらいましょう」と約束してその議論を打ち切りました。しかしながら、その後いまに至るまで、勧学寮からは、何の批判論文も公表されることはありませんでした。

以上の三点が、私が勧学寮から異端として弾劾された問題点です。しかしながら、その三点とも、私は親鸞の教言に学んで主張したことですが、勧学寮は、それらの教言について、まっとうに研究、検討することもなく、まったく無知、不明なるままに、私の研究を誤謬だといったわけですが、勧学寮が、親鸞の教言について、誤謬であり、異安心だというとは、まことに児戯にひとしく、愚かな茶番劇というほかはないでしょう。勧学寮は、いまも、真宗は大乗仏教ではない、「落ちるものをお助けくださる救済教である」と主張しているのでしょうか。そしてまた、親鸞の教示を無視して、信心開発以前に称名は称えてはならないと、称名念仏を禁止しているのでしょうか。そしてまた、勧学寮は、いまもなお信心を開発しても、その人の人生生活には何ら関係はない、信心と生活とは各別である、無関係であると主張しているのでしょうか。何れも親鸞の重要な教示、その根本意趣そのものを、異端として否定しているのではありませんか。ならば、西本願寺は、現代の民衆に対して、何をどう伝道、布教しているのでしょうか。真宗の教えを学んで信心を開発しても、あなたの人生生活には何らかかわりはありませんが、どうぞしっかり聞法してくださいと、とだけ教えているのでしょうか。現代人が、そんな話を真剣に聴くと思っているのでしょうか。まことに愚かな話ではあります。

親鸞はどこにいるのか。親鸞は、本願寺にはいないとは、鈴木大拙氏の言葉ですが、私もまた、今日に至るまでのさまざまな経験をとおしてそう思います。親鸞は本願寺には不在です。とすれば、親鸞はどこにいるのか。私はいままで、その親鸞との出遇いを求め、その教えを学びたくて、生涯をかけて、いちずに、孤独に耐えながら、親鸞の著書やその他の文献などを研究、学問してきました。

私の親鸞研究、学問は、いまに至るまで八十余年になりますが、いまにしてやっと親鸞の根本意趣、その「いのち」にふれることができたように思っています。学道八十余年の成果です。ありがたいことです。親鸞は、求めれば必ず出遇えます。しかしながら、その出遇いとは、いままでの私にとっては、その九十年の生涯における、紆余曲折、順逆さまざまな因縁とともにめぐまれたものです。その中でも、かつて龍谷大学の学長であられた森川智徳先生が、若い私を抜擢し、伝統教学者の反対を押し切って、龍谷大学の真宗学科の教員として採用してくださったからこそ、私の今日があるわけで、先生の学恩はまことに広大なものがあり、いつも重々に感佩しているところです。そしてまた、私の学問研究の理論的基盤を形成するについては、龍谷大学教授や名古屋大学教授を務められた上田義文先生の御教導の学恩も忘れることができません。ことにこの上田先生は、私が西本願寺から異端として弾劾された時、さまざまな助言や、かずかずの庇護と励ましをいただいたことで、その思い出は終生忘れることはできません。そしてまた、このことは、まったくの私事ではありますが、いまは亡き、私の妻であった美代子が、孤立無援の学究生活をおくらざるをえなかった私を、よくその側にいて、ひたすらに支えてくれたからこそ、私は学究いちずにすごしえたわけで、その助力、おかげは、言葉には尽しえないほどの大きいものがありました。改めて記して心より感謝することです。かくして私は、親鸞の「いのち」を探ね求めて遍歴し、いまにして親鸞に出遇うことができたわけですが、まことにありがたいことでありました。

皆さんもぜひとも、心して求め求めて、親鸞に出遇ってください。親鸞はどこにいるのか。ともかくも、心に深く念じて、たとえさまざまな障害があろうとも、それを乗り越えて、探ね求めていけば、きっと出遇えます。ぜひとも、ほんものの親鸞の「いのち」に出遇ってください。私もすでに九十歳を目の前にし、あとは命終を迎えるばかりですが、私の求道遍歴の足跡が、皆さんの親鸞探求のための一助ともなれば、と念ずるばかりでありま す。南無阿弥陀仏。南無阿弥陀仏。

平成二七年九月一九日

信楽峻麿

# 第一章　本願寺には親鸞はいない

## 一　鈴木大拙『日本的霊性』の主張

私はかつてのアジア・太平洋戦争を経験したあと、さまざまな思想的な混乱と遍歴のすえに、改めて仏教、親鸞を学ぶ道を選んで今日に至ったわけです。

戦後の若いころには、多くの先人の書物を読んで、あれこれと教えられ、導かれてきたところです。その多くの書物の中の一冊に、一九四四（昭和一九）年一二月刊行の鈴木大拙氏の『日本的霊性』というものがあります。ここでいう霊性とは、英語のスピリチュアリティー（spirituality）の訳語であって、それは単的には説明しがたい内実を秘める言葉ですが、あえて私的にいうならば、もっとも深淵な精神性、心霊性を意味して、世界的な諸宗教の根源にひそむところの、その宗教的な本質を意味するともいいえましょう。そしてこの書では、その日本的霊性として、法然、親鸞、真宗妙好人などの、念仏領解の根底に流れるところの精神性に注目しているわけですが、そのことは、当時の日本が、その戦争下にあって、もっぱら「神ながらの道」を主唱し、「大和魂《やまとだましい》」とか、「日本精神」ということを、大声で叫んでいた時に、それとはまったく異質なる、もう一つの確かなる視座を提示したものともいいえましょう。

　私はかつて戦後の学生時代に、この書に出遇って多くのことを学びましたが、ことにその一節に、

> 親鸞はお寺を作らなかった。愚禿に相応なのは「草庵」であって七堂伽藍《がらん》ではなかった。輪奐《りんかん》の美を極めるというのは都人《みやこびと》の為すことで、鄙人のあずかり知るところではない。念仏は草の庵《いおり》が最もふさわしいのである。大きな屋根の下から漏れ出る念仏には虚偽が多く、空念仏の合唱には弥陀は耳を仮《か》さぬ。そこには一般があるが特殊はない。そうして特殊――一人――が本願の対象である。愚禿の信仰には殿堂ほど不要なものはない。今日の本願寺の如きものは祖聖の志を相去ること実に幾千万由旬《ゆじゅん》である。本山の祖師堂には愚禿は居ない。一人の親鸞は――もしそこに在《いま》すとすれば

――燈影裡で泣いてござるに相違ない。しかし親鸞宗の真実性はある、殿堂から消え去っても、軒傾きかけて雨さえ漏らんとする妙好人《みょうこうにん》の茅屋《ぼうおく》の中に、いつも脈々の命をつづけているから、それだけは安心であると言ってよい。妙好人――実にこの名ほど親鸞宗に貴い呼名はない。一人はいつもその中に生きているのである。「ゆゆしき学生たち」は、祖師の信仰を継承していく人々でないのである。

（『日本的霊性』岩波文庫、九八～九九頁）

とあることに、深く心を止めさせられました。この『日本的霊性』は、一九四四年の一二月に出版されております。アジア・太平洋戦争のまっただ中の刊行です。ここで本願寺の祖師堂に親鸞はいない、もしいたとしても、灯火のかげで泣いていることだろうといい、またゆゆしき真宗学の学生たちは、親鸞については何も分かってはいないといわれることは、当時、戦争下の本願寺教団とその教学の状況を、厳しく批判したものでありましょう。当時の本願寺教団は、その東本願寺も西本願寺も、ともに釈尊の教誡に背き、また親鸞の教訓にも反して、逆さまになって戦争に賛意を表し、全国の信者をして、その戦列に動員していったわけです。そしてまた、そのゆゆしき学生《がくしょう》とは、当時の鈴木大拙氏と一緒に勤務していた、大谷大学の真宗学の教授である、曽我量深氏と金子大栄氏を指していることは明瞭でしょう。彼らはともに、大谷派教団において、戦時教学なるものを構築し、その戦争に全面的に賛同し、それを仏教、親鸞の名において応援し、協力していたわけです。そしてそのことはまた、西本願寺の龍谷大学において戦時教学を主唱した、真宗学の諸教授をも含むものでありましょう。鈴木氏は、そういう東西本願寺教団と、親鸞を研究する大谷大学と龍谷大学の真宗学の諸教授たちが、当時の日本の軍国主義に同調し、それに全面的に賛同して行動することを、にがにがしく思い、批判的に見ていたわけでありましょう。本願寺には、「親鸞はいない」といわれた理由であります。

## 二　鈴木大拙氏とアジア・太平洋戦争

このことは、ずっと後日に至って聞いたところですが、その戦争の末期には、徴兵年齢が引き下げられ、また徴兵延期の制度も廃止されて、多くの大学生たちが次々と徴兵されて戦地に赴きましたが、その戦争末期のある日、大谷大学の学生たちが徴兵されて出陣するにあたり、大谷大学で壮行会が開かれ、大学を代表して、鈴木大拙氏が見送りの言葉を述べられることとなりました。そこで鈴木氏は、おもむろに壇上にのぼられた後、およそ一五分間ぐらい、眼をつぶったまま、黙然として立ちつづけられた後に、ようやく重い口を開いて、「諸君は、戦場にいっても、決して敵を殺してはなりません。また、あなたたちも、決して死んではなりません。たとえ捕虜になってもいいから、元気で生きて帰ってください」といわれたのだそうです。すると、その場にいた陸軍省派遣の配属将校が、直ちに壇上にかけあがって、鈴木氏をなじったといいます。そしてその後、大谷大学は大混乱に陥ったといいますが、この席上に、上に挙げた曽我、金子両教授がいたのかどうか。たぶんいたと思われますが、彼らは、この光景をどんな思いで見ていたのでしょうか。このことは、当時、大谷大学の事務職員で、その場に居あわせた人の子息様の言葉として聞いた話です。実は私もまた、同じように、戦争末期の一九四五（昭和二〇）年の六月、広島の大学の一年生の時、十八歳にして、同じように学徒徴兵されて、大学から見送られて兵役につきましたから、その時の状況をよくよく推察できます。鈴木氏がそこまでいわれたのは、よほどの覚悟、決意があったからでしょう。当時において、そんなことをいったら、その後どうなるかは、よくよく承知の上での行動であることを思うと、鈴木氏の仏教徒としての生き方に対して、深く敬意を表するところです。

問題は、同じ大学に奉職し、同じように仏教を研鑽し、親鸞を講じるものが、片やこれほどまでに生命をかけて戦争に反対し、片やまったく無条件に、唯唯諾諾として戦争に賛成し、積極的に協力したということです。どうしてそういう相違が生まれたのでしょうか。世間では、鈴木氏は若いころよりアメリカに滞在し、アメリカの女性と結婚していたことによるという説がありますが、アメリカと親密な関係をもっていたもので、戦争に同調したものは数多いわけで、ただそれだけの理由によったものとは決して考えられません。

その相違をめぐっては、やはりその両者の内面的な契機としての、鈴木氏における禅の「さとり」と、曽我、金子両氏の、真宗の「信心」の内実の相違によるものと思われます。片方は、ほんもの、真実の「さとり」であり、他方は、うそもの、虚妄の「信心」であったということです。その点、当時における東西本願寺の法主をはじめとして、その戦時教学を主唱した、龍谷大学や大谷大学の真宗学の諸教授たちの「信心」は、すべて欺瞞なるものであったといわざるをえないところでありましょう。

そこで、そのことはより詳しくは、どういうように相違していたのかということですが、大拙氏の「さとり」というものは、まさしく主客一元論的であって、そこでは明確なる仏教的な人格主体が確立され、まことの自立が成りたっていたわけです。他方の曽我、金子両氏の「信心」は、まったく主客二元論的であって、そこでは何ら念仏的な人格主体が確立されることもなく、したがってまた、まことの自立が成りたつはずもなかったわけでありましょう。

そのことは、また別な角度から、親鸞の言葉をもっていうならば、「煩悩具足の凡夫、火宅無常の世界は、よろづのこと、みなもてそらごと、たわごと、まことあることなきに、ただ念仏のみぞまことにておはします」(『歎異抄』後序、真聖全二、七九二〜七九三頁)ということであって、念仏を基軸として、世間のいっさいの出来事を、その当時の日本国の戦時体制までも含めて、すべて「そらごと」、「たわごと」として、徹底して相対化するという視座が確立されていたかどうか、ということでしょう。曽我、金子両氏らの戦時教学者たちは、この親鸞の教言を重々に承知しながら、どうして当時の日本の軍国主義的な諸状況について、それを徹底して相対化できなかったのでしょうか。そのことはひとえに、その親鸞の教言がまっとうに領解できていなかったから、すなわち、その真宗信心領解が、まったくの観念でしかなく、虚妄であったからであるというほかはないでしょう。

かつて日本史の研究者でありながらも、親鸞思想に深く傾倒されていた家永三郎氏が、自分が過ぐるアジア・太平洋戦争下において、日本の政治的な動向を、充分に客観化して捉えることができ、その戦争体制に追随することがなかったのは、ひとえに上に引用したところの、親鸞の教言を、心の支えとして生きてきたからである、といわれたということを知って、深く感動したことがありましたが、教団外部の人々によって、これほどまでに注目された親鸞の言葉を、東西本願寺の真宗学者が、まったく無視して、そこから何も学ぶことがなかったとは、まったく愚かなきわみでありましょう。

鈴木大拙氏は、自分の「さとり」を基軸として、明確な人格主体を確立し、自立して生きていったわけですが、曽我、金子両氏は、その真宗信心が欺瞞のものであったがゆえに、そこには何らの念仏的な人格主体も確立しえず、何ら自立して生きることがなかったからこそ、単純に当時の日本の軍国主義に同調し、それを何ら批判的に捉えることもなくて、その戦争体制に、無条件に全面的に賛同し、協力していったわけでしょう。

浄土真宗の正依の経典である『無量寿経』によれば、「兵戈《ひょうが》無用《むよう》」（真聖全一、四一頁）、戦争をしてはならない、武器を用いてはならないと教戒され、また釈尊の『法句経』（ダンマパダ）によれば、

一二九　すべての者は暴力におびえ、すべての者は死をおそれる。己《おの》が身にひきくら

べて、殺してはならぬ。殺さしめてはならぬ。
一三〇　すべての者は暴力におびえる。すべての（生きもの）にとって生命は愛《いと》しい。己《おの》が身にひきくらべて、殺してはならぬ。殺さしめてはならぬ。

と教言し、またその『観無量寿経』によると、「慈心不殺」（真聖全一、六〇頁）、慈悲の心を大切にして他人の生命を奪ってはならない、と教言しているところです。また親鸞の教示によれば、「一切の有情は、みなもて世々生々の父母兄弟なり」（『歎異抄』真聖全二、七七六頁）とも明かして、世界のあらゆる人間は、かつての生涯において、どこかでは親子であり、兄弟であった、そういう深い因縁の絆をもった存在であると教えております。かくして、仏教、真宗の立場からすれば、いかなることがあろうとも、他者、他民族を、敵として捉え、それと戦争するということがあってはなりません。いかなる人であろうとも、その生命の深い底辺のところでは、何らかの意味において、深く通底しているところの同朋なのです。仏教徒、真宗念仏者であるかぎり、これからも未来永劫にかけて、他人の生命を奪うという戦争に賛成するということがあってはなりません。

## 三　私の親鸞研究の原点

私は若いころに、この鈴木大拙氏の『日本的霊性』を読み、ことには上に掲げたところの一節に深く教えられることがあり、親鸞に学んだ、真宗念仏を生きていくということは、その念仏を基軸として、この世俗のいっさいの出来事を、「そらごと、たわごと、まことあることなし」と、徹底して相対化しつつ生きていくことだと思いとり、そういう念仏的な人格主体を確立して、大拙氏のように、まことの自立をえて、生きていきたいと思ったわけで、ある意味では、その文章が、私の親鸞研究の原点になったといってもよいと思います。そのことは、ひとえに、若くして戦争に動員され、九死に一生をえて生還し、また私が広島の出身であるということからも、肉親や多くの知友を、広島の原子爆弾で失ったという経験にもとづくものですが、何よりも戦争下の真宗教学が、その戦争にかかわって何らの批判も抵抗もすることなく、まったく唯唯諾諾として、全面的に賛同し、そしてまたその戦後においても、それらの教学者の誰一人も、かつての戦時教学主唱に対する反省、懺悔、それについての廻心転向を表明するものもなく、何らの責任も取らなかったからです。私にしてみれば、そんな仏教、そんな親鸞思想があろうはずはなかろうという思い、そういう「こだわり」があったからです。かくして、まことの仏教、親鸞思想というものは、鈴木氏のいわれるとおり、今日の本願寺教団の中には、まったく存在しないと思ったわけです。そしてまことの仏教、親鸞思想というものは、そういう世俗における「そらごと、たわごと」のすべての事態を、徹底して相対化できる視座をもつものであって、そこで説かれるところの信心というものは、きわめて知的な意味をもつところの、深淵な宗教的経験であって、それにより、私の人生生活において、新しい人格主体が確立され、まことの自立、自主独立が成りたってくるものであると思ったわけです。

そしてまた、その敗戦の年の暮に、ある雑誌に、東京大学の南原繁教授（政治学専攻）が、敗戦の前に、軍隊に徴兵されないで残っていた学生たちを、毎夜、自分の大学の研究室に集めて、日本はやがて戦争に敗れるであろうが、その後の日本を、いかにして再興させていくべきかを、いろいろと研究議論をしていたことが書かれていたのを読んで、眼から「ウロコ」が落ちる思いを抱いたことがありました。東西本願寺教団は、敗戦の日まで、日本の現実状況を何ら疑うこともなく、全国の信者に対して、戦争の遂行を指令していたわけですが、なぜこの教団の中に、南原氏のような人物がいなかったのか。身近くは、鈴木大拙氏のような戦争反対の人が存在したにもかかわらず、どうしてその見解を学ばなかったのか、そういうことを思いました。

かつての戦争下においては、戦争に反対したところの、哲学者や社会科学者が多く存在し、その人たちは思想犯として、多くの刑務所に収容されていたわけです。最後に「親鸞」をテーマとして書いた論文を残して、刑務所の中で獄死した哲学者の三木清氏もその一人であったわけです。私はこれらの学者たちの、戦後における講演をつとめて聞き、その論文も読んだわけですが、彼らは、それぞれの刑務所の中で、乏しい資料によりながらも、何れも日本の敗戦を予知して頑張ったことを知り、心より敬意を表したところです。

そしてそこで私が学んだことは、これから真宗を研究、学問するについては、従来のような古い伝統的な学問の方法論ではなくて、新しい真宗学として、主体的に、自己自身が、自らの人生をどう生きていくか、という問いを抱きつつ、そしてまた客観的に、その両者を統合するような方法論を確立すべきであり、またそれについては、新しく人文科学としての宗教学、哲学、歴史学、心理学などを、そしてまた、社会科学の視座も充分に摂取、援用すべきであるということでありました。かくして、私は戦後まもないころ、文学部の卒業論文を作成するにあたり、「宗教経験としての信の研究」というテーマを掲げ、原稿用紙三百枚におよぶ長篇の論文を作成して提出したわけですが、その審査にあたった教授から、真宗信心とは「経験」ではない、ひとえに阿弥陀如来の名号を受領することであって、それは「非意業《ひいごう》」であり、それを人間の経験というとは何事か、お前の信心は自力であるということで、さんざんに非難されました。そこで私は、親鸞は真宗信心について解説するのに「信心の業識」といっているではないか、そのことは真宗信心が人間における意識、意業であることを意味するものであろう、そしてまた親鸞は、信心の成立について「開発《かいほつ》」(「信文類」)とか、「獲得《ぎゃくとく》」などといっているではないか、そのことは、どう読んだところで、人間における具体的な行為、経験を意味するものではないかと反論しましたが、伝統の真宗学では、真宗信心とは阿弥陀仏の名号が廻施されることであって、「経験」ではないと、徹底して否定されました。西本願寺の伝統教学では、いまでも信心とは非意業であって、経験ではないと、主張しているのでしょうか。かくして伝統教学では、真宗学というものは、科学とは矛盾、対立するものだというわけであります。真宗学が、いまだに正当な近代的な学問として確立されていないという証拠でもありましょう。

そしてまた、その戦争をめぐっては、私にはこういう経験があります。中学校の二年生の時であったかと思いますが、全校の生徒が、ある冬の雪山を取りかこんで兎狩りをし、兎汁を作って食べるということが計画されました。そこで長さ二メートルの竹竿を持参するようにと指令されました。しかしながら、私の家庭では、仏教徒として、いろいろと精《しょう》進《じん》の日があって、その日には、魚や肉類をいっさい食べませんでした。ことに私にとっては、その一年前に母が死没し、またその年には兄も死亡しましたので、そんな無慈悲なことができるかと思い、竹竿を持参しませんでした。その日の朝、全校の生徒がグラウンドに整列した時、私が竹竿をもっていないことが知れて、教員および配属将校から難詰されましたが、私は私の信念を吐露して反論いたしました。その時には厳しい制裁をうけましたが、私は私の意志を最後まで貫徹いたしました。ところが、それからまもなく、私は大学一年生の時に、満十八歳にして、学徒徴兵をうけて、北海道の旭川砲兵部隊に入隊いたしました。そしてその後には、アメリカ空軍の襲撃をうけ、私たちもまた、それに応戦したわけです。その時、何人かの同僚が死んでいったわけですが、私は九死に一生をえて生きのこったわけです。そしてその敗戦の後、私は、北海道から故郷の広島まで、いのちからがら、十日間もかけて帰郷いたしました。そしてその途上において、かつてはあれほどまでに兎の生命をいとおしんだのに、戦争において、アメリカ軍と生命をかけて闘ったのは、いったい何であったのか、ということを深く反省いたしました。そして『歎異抄』に教えられる「一切の有情は、みなもて世々生々の父母兄弟なり」という言葉を思いおこしました。そして私の学んできた仏法、精進の教訓が、まったく観念的なものであって、まことの社会性をもっていなかったことが、重々に思い知らされて、深く反省させられたわけです。このことも、また私のその後の、真宗学研究において、重要な課題となってきたところです。

かくして、私のその後の学問研究においては、以上のことを含めて、充分に主体的に、そしてまた客観的に、その両者を統合するという方向において進められるべきであり、ことには、人文科学と社会科学の叡智をできるかぎり摂取しながら、進められるべきであり、そしてまた、ひとえに「ただ念仏のみぞまことにておはします」という視座をしっかりと堅持しながら、鈴木大拙氏の教えに学びつつ、まことの人格主体を確立し、確かなる自立をとげていくことをめざして、親鸞の教法、真宗を学んでいきたいと念じたことでありま す。かくして、まことの親鸞はいずこにましますのか。それはその後の、私の親鸞研究の基本の目標でもありました。

しかしながら、その後に、従来の伝統教学を批判的に捉えて、まことの親鸞の教法を、探ね求めつつ研究し、学問をすすめた私にとっては、親鸞不在の本願寺教団からは、ことごとに異端者として弾劾され、排除されることとなりました。だが、私は、そういう厳しい逆境において、それを糧としてこそ、私の信心体験が試され、よく育てられて、まことの自立をはたしえたわけで、いまにしては、そのこともまた、ありがたい仏縁であったと思うことです。

# 第二章　東西本願寺教団の戦時教学

## 一　近代における東西本願寺の動向

近代以来の東西本願寺教団とその伝統教学は、基本的には、近代以来新しく形成されてきた天皇制国家体制に、無条件に追随してきたわけで、その教義理解も、それにふさわしいものとして国家権力に収斂されていきました。すなわち、明治四（一八七一）年九月に発布された、本願寺派の明如の消息における広如の遺訓といわれるものには、

希くは一流の道俗、上に申すところの相承の正意を決得し、真俗二諦の法義をあやまらず、現生には皇国の忠良となり、罔極の朝恩に酬ひ、来世には西方の往生をとげ、永劫の苦難をまぬかるゝ身となられ候やう、和合を本とし自行化他せられ候はゞ、開

山聖人の法流に浴せる所詮此うへはあるまじく候。（真聖全五、七七七頁）

と示したところです。かくして、本願寺派では、明治一九（一八八六）年一月に制定された「宗制」において、

一宗の教旨は仏号を聞信し大悲を念報する之を真諦といい、人道を履行し王法を遵守する之を俗諦という。これすなわち他力の安心に住し報恩の経営をなすものなれば、之を二諦相資の妙旨とす。

と明かしました。明確なる天皇中心の国家体制への隷属を意味する真宗教義の改変です。また大谷派では、少し遅れて、同じ年の九月に制定された「宗制寺法」において、

伝灯相承の正意を顕揚して立教開宗の本書を著す。すなわち教行信証文類なり。けだしその書たるや経論諸書の要文を類聚し、玄を探り幽を闡きもって真俗二諦の宗義を大成せり。これ開宗の大旨なり。

と規定いたしました。このような仏法と王法の二元論的な生き方を教える真俗二諦論の真宗教義は、すでに本願寺教団創立当初において、覚如によってその路線が引かれ、その後に存覚によって正式に確立され、さらに蓮如によって普遍化されたところの、真宗信心における国家権力追随の教義理解にほかなりません。蓮如が真宗教義を語るについて、表では信心為本と明かしながら、その裏では王法為本、仁義為先と教示したところです。しかし、そのことが、ここでは親鸞以来相承の真宗教義として、法的に「宗制」、「寺法」として決定、確立されたわけです。しかしながら、こんな真宗教義が、親鸞の著作のどこに教示されているのか。とんでもない真宗教義の歪曲、脱線というほかはありません。東西本願寺教団は、近代初頭において、このように自らの教義を改変してまで、その進むべき道を大きく誤ったわけです。すなわち、東西本願寺教団が、アジア・太平洋戦争に際して、以下に見るような戦時教学を構築したのは、そのような真俗二諦論にもとづいてこそ成立したものであることは明瞭でありましょう。

## 二　戦時教学の実態

近代以来の東西本願寺教団とその伝統教学は、基本的には、近代以来新しく形成されてきた天皇制国家体制に、無条件に追随してきたわけで、一九三一（昭和六）年九月に満州事変がはじまると、西本願寺の大谷光瑞（一八七六～一九四八）は、『支那事変と我国民之覚悟』（大乗社東京支部）を著して、

正義の為に干戈を執るは、即ち大慈大悲の発揚なり。我等仏教徒は、大聖世尊の遺訓により、協力一致し、正義の為に戦はざるべからず。

といい、その戦争に対して、全面的に賛意を表しました。そして一九三九（昭和一四）年には、本願寺派では『興亜精神と仏教』（梅原真隆、本派本願寺教務部）を刊行して、

日本の戦争は、それが天皇陛下の御名によって進めらるるのであるから正しい。すなわち聖なる戦である。

といいました。いわゆる聖戦論の主張であります。そして一九四二（昭和一七）年には、

大谷派の金子大栄（一八八一〜一九七六）もまた『正法の開顕』（大谷出版協会）を著して、この戦争を聖戦と規定しました。そしてまた一九四一（昭和一六）年一二月には、日本はアジア・太平洋戦争をはじめましたが、大谷派の暁烏敏（一八七七〜一九五四）は、その翌年八月に『臣民道を行く』（一生堂書店）を著して、

仏となられた釈尊のすがたの上に、英米に対して戦を宣して立ちあがった日本帝国の雄姿を発見し、合掌恭敬の念を禁ずることが出来ない。

などといいました。また一九四四（昭和一九）年には、西本願寺教団では、戦時教学指導本部なるものを設置し、教団の総力を挙げて戦争に対する協力体制を組織いたしました。そして戦況がいよいよ絶望的状況となった一九四五（昭和二〇）年五月には、西本願寺の大谷光照法主は、「皇国護持の消息」を発して、

念仏の大行は千苦に耐へ万難に克つ。国難何んぞ破砕し得ざることあらむや。遺弟今こそ金剛の信力を発揮して念仏の声高らかに各々その職域に挺身し、あくまで驕敵撃

滅に突進すべきなり。

といい、またその年の六月には、大谷派の大谷光暢法主も、「殉国必勝の教書」を示して、

念仏もろともに大義につき皇国を死守すべし、我自ら陣頭に立たん。

といいました。そのころに掲げた教団のスローガンは、

国難を救うものは三宝なり。祖訓の本領ひとえに奉公に帰す。今ぞその念仏を捧げて、皇国を護持すべきなり。（本願寺派）

迷う勿れ、皇軍は必勝す、襲敵何事かあらん。苦しむ忽れ、草を食べ野に臥するとも、護国の勤めは楽し。悩む勿れ、本願名号信ずべし。（大谷派）

というものでした。まことに壮烈というほかはありませんが、真宗教団は、このようにし

て、日本ファシズム体制にからめとられ、また自ら進んでその侵略戦争に荷担しつつ、真宗信者をして、もっぱらその戦列に向けて動員していったわけであります。しかしながら、すでに上においても指摘したように、真宗の根本聖典である『無量寿経』には、「兵戈無用」と教説されて、軍備をもってはならない、戦争をしてはならないと、厳しく教えております。にもかかわらず、東西本願寺教団は、このアジア・太平洋戦争に全面的に賛成し、教団を挙げて率先協力したわけで、まさしく仏法を裏切るという、重大な罪科を犯したわけであります。

### 1　天皇権威への拝跪

そこで、このような戦時教学がもったところの基本的な特質は、何よりも天皇権威に拝跪したということです。真宗信心とは、その原点としての親鸞の意趣によれば、明らかに「国王不礼」(「化身土文類」) の立場に立つべきであります。しかしながら、東西本願寺教団は、明治維新以来、新しく確立された近代天皇制に対して、無条件に隷属していき、ことに一八七六 (明治九) 年一一月には、請願して親鸞に対する「見真」なる大師号をもらい、ついで翌年にはその勅額が下付されてその光栄に感激しました。

また大谷派教団においては、阿弥陀堂の本尊須弥壇上の両脇に、天皇の尊牌《そんぱい》を安置して礼拝してきましたが、一九一三（大正二）年九月には全国の一般末寺に達令して、同様に天皇の尊牌を奉安せしめました。また本願寺派教団では、一九四〇（昭和一五）年四月に、真宗聖典の中から天皇権威に抵触する文言を選んで削除することを決定し、末寺に通達するということがありました。

また戦時教学においては、暁烏敏は、一九三五（昭和一〇）年に著した『神道と仏道』（香草舎）の中で、

今上陛下の御真影の御前にお念仏を称へてまいることが出来るのであります。そして生仏《いきぼとけ》として天皇陛下を仰がせてもらふことが出来るのであります。

と語って、天皇は「生仏《いきぼとけ》」であるとまでいいました。また普賢大円（一九〇三〜一九七五）は、一九四三（昭和一八）年に『真宗の護国性』（明治書院）を著して、

真宗の信仰もまた、その信仰を挙げて天皇に帰一し奉るのである。一声の念仏を称う

るにしても、その念仏にこもる力を挙げて、上御一人に奉仕しているのである。

といって、真宗の信心も念仏も、ひとえに天皇に帰一し奉仕するためのものであるといっています。また佐々木憲徳（一八八六～一九七二）は、一九四二（昭和一七）年に著した『恩一元論―皇道仏教の心髄―』（興教書院）において、

もし釈尊が日本国に来生せられるならば、必定まず天皇絶対をお説きになり、もって国体を明徴したまうであろう。第十八願文の誹謗正法とは、国王の勅諭に随順しない叛逆罪のことであって、弥陀はこれを救わないと除却してある。

といい、本願文の「誹謗正法」とは、天皇の命令に背くことだと説いております。また加藤仏眼（一九〇一～一九六九）は、一九四四（昭和一九）年に『念仏護国論』（明治書院）を著して、

大日本帝国の一人残らずが挙々服膺すべき教育勅語の聖規の本源たる報恩の一著子に、

阿弥陀如来の第十八願に基づく弘願念仏の行者の信後の行儀の本源が正しく合符する。

といい、真宗念仏者の行儀とは、「教育勅語」に明かす忠孝の報恩道であると語っています。いずれも徹底した如来の本願、真宗信心の名による天皇帰一の論調です。ここではいっさいの世俗権威を相対化した親鸞の根本意趣は、まったく見失われています。戦時教学とは、これほどまでに天皇権威にからめとられ、護国真宗化していったわけであります。

## 2　神道イデオロギーへの妥協

そしていまひとつ、このような戦時教学がもったところの基本的な特質は、全面的に日本の神道イデオロギーに妥協したということであります。まことの真宗信心とは、その原点としての親鸞の意趣によれば、明らかに「神祇不拝」（「化身土文類」）の立場に立つべきでありました。確かに近代においても、一九一二（明治四五）年の明治天皇の病気、および一九二六（大正一五）年の大正天皇の病気危篤に際し、全国の神社、寺院、教会などは、病気平癒の祈禱をおこないましたが、ひとり真宗教団はいたしませんでした。

また一九二九（昭和四）年に実施された、思想善導を目的とする教化総動員の運動を通じて、各地方において神棚を安置することが奨励されるようになり、ことに滋賀県においては、県当局と神職会によって、全県下の小学校、中学校などに、神棚を頒布して安置することを要求するということがありました。そのことをめぐって、県下の真宗僧侶と信徒が結束して厳しく反対し、その実現を阻止いたしました。真宗信心が見事に伝統されていたあかしです。また本願寺派当局においても、一九三〇（昭和五）年には、伊勢神宮の大麻頒布問題について、拝受奉安しないようにという見解を表明しています。しかしながら、日本ファシズムが急進するに従って、その真宗教団における神祇不拝の姿勢は次第にあいまいとなり、一九三八（昭和一三）年一二月には、伊勢神宮の大麻頒布問題について、全国の信者に対して、

国民道徳としての敬神を奨励し来れる本宗としては、之を拝受して丁重に崇敬を致すが俗諦教義上、至当と存ぜられ候。

と通達しました。真諦では阿弥陀仏一仏への一向なる帰依を教えながらも、俗諦では神祇崇敬もまた至当であるというわけです。驚くべき変貌です。そして一九四〇（昭和一五）

年一〇月には、真宗各派協和会の名において、

一、大麻は皇大御神の大御璽として配授せらるるものなるをもって、宗教の如何を問はず、皇国の臣民たるものは、報本反始の誠意を抽《ぬきん》で等しく拝受すべきものなり。
一、一般奉安の形式は特に適宜の施設を用ひ、不敬に亘《わた》らざるよう注意すべし。
一、寺院にありては庫裡《くり》の適処に奉安すべし。

などと指示しました。それは親鸞に学ぶべき真宗信心の完全な自己喪失であり、国家神道イデオロギーへの全面的な屈服を意味するものでありました。

このような傾向は、当時の戦時教学にも明瞭に見られるところです。すなわち、曽我量深（一八七五～一九七一）は、一九四一（昭和一六）年二月に、

日本の神と弥陀は似ている。弥陀は吾々の祖先だと思ふ。天照大神も吾々の祖先で似ている。

国家のために死んだ人なら神になるのだ。神になるなら仏にもなれる。弥陀の本願と

天皇の本願は一致している。（「真宗教学懇談会記録」）

と語っております。信心がなくても、成仏できるというわけです。また金子大栄も一九四二（昭和一七）年に『正法の開顕』（大谷出版協会）を著して、仏法は「神道の一部」であるといい、

皇国の道というものが、即ち我々の遵守すべきものである。仏の教というものは、それの縁になるものである。

と述べております。また普賢大円は、一九四三（昭和一八）年に『真宗の護国性』を著して、親鸞が語った自然法爾とは、日本伝統の「神《かん》ながらの道」であると論じ、

されば神ながらの道とは、（中略）天壌無窮と天皇中心といふことをその形式となし、天皇を現人神《あらひとがみ》と仰ぎ、これに絶対随順し、何事につけ大御稜威《おおみいつ》と仰ぐ自然法爾性をその性格とす。

といっています。いずれも当時の代表的な真宗学者の主張です。日本古来の民俗的な習俗信仰でしかない神祇崇拝への徹底した癒着、転落であって、真宗信心の見事なまでの国家神道化というほかはありません。

## 三　戦時教学の責任を問う

以上、東西本願寺教団における戦時教学をめぐって概観いたしましたが、当時の東西本願寺の真宗教学は、これほどまでに自己を喪失して、天皇権威と神道イデオロギーの国家体制に全面的に追随していったわけです。しかしながら、一九四五（昭和二〇）年の八月一五日、日本の敗戦において、その戦時教学は全面的に自己崩壊し、その学的営為が、まったくの虚構であったことが明白になったにもかかわらず、上記のような戦時教学を構築し、主唱した教学者たちは、その戦後において、かつての自己の信心とその行動をめぐって、それがまったくの欺瞞であったことについて、明確に自己批判し、廻心転向を表明したものは、誰一人としていませんでした。彼らの戦時下における真宗信心が、全面的に虚妄であり、異端であったことは、きわめて明瞭であり、何らの弁明の余地はないでしょう。しかし、彼らはいずれも、何らの自己批判をすることもなく、そのまま引きつづいて、龍谷大学や大谷大学の教壇に立って、親鸞を講じ、それぞれが教団教学の最高の地位につきました。

真宗教団の戦争責任、そしてまた真宗教学の戦争責任は、いったいどうなったのでしょうか。戦争責任には時効はありませんが、いまもってまったく問われてはいません。キリスト教団とその神学における、戦争責任に対する厳しく徹底した姿勢と比べる時、私たちの真宗教団と真宗教学の在りようは、まことに不誠実きわまるものであります。

私はこのような戦時教学について、自分自身が若くして戦争の惨禍を経験しているがゆえに、決して見すごすことはできず、厳しく批判し、その戦争責任について明確に総括すべきであると、繰りかえし発言してきました。しかしながら、このように戦時教学について問うたものは、東西本願寺教団の中では、私ただ一人だけで、誰も口を閉ざして何ら問うこともなく黙過しました。かくして、そのことから、西本願寺教団は、私を異端者として、徹底して弾圧し排除して、いまに至っております。その点、私はただ一人して、いまなお孤塁を守りつづけているところです。やがて私が命終したら、もはや誰一人として、この戦争責任を問うものはいなくなることでしょう。かくしてこのような戦時教学は、何らの瑕瑾もなく、また変革もなくして、そのままこれからの伝統教学に移行していくのでしょうか。

自らの誤ちを何ら問うことなく、その錯誤について、徹底して反省し、清算しないかぎり、再び、同じ轍を踏むであろうことは、過去の歴史が証明するところです。

そしてまた、親鸞の教えを学問し、研究する真宗学とは、それほどまでに無責任であっていいのでしょうか。上に指摘したように、戦時教学では、東西本願寺の教学者たちは、阿弥陀仏と天皇とは同じであるといい、天皇こそは生仏《いきぼとけ》であると語り、はては、天皇の写真に対して合掌念仏せよといったわけであり、また、仏法とは日本神道の一部であるともいったわけですが、そのことは、完全なる誤謬であったと訂正することもなく、すべて口を封じて、反省の弁もなく、修正することもないとは、戦後の教学では、真宗信心においては機の深信を語らないことにしたのでしょうか。戦争中には、阿弥陀仏と天皇は同じだといいつのり、国のために死んだら神となる。神となるなら仏にもなれると主唱した教学者は、その後も自分の過去をすべて棚あげして、いろいろとまことしやかに、親鸞を語っていますが、当人は何らの自己矛盾を自覚しないのか。驚くべき二重人格、三百代言というほかはありません。すなわち、親鸞が教えた真宗信心とは、それほどまでにいい加減なものなのでしょうか。まことの宗教、仏教、そして親鸞が明かした浄土真宗の教えとは、もっともっと自己に対して厳しいものではないのではありませんか。そんな欺瞞のままの真宗教学が、今後世間に通用するはずはありません。またそんな虚妄なる真宗信心が、これからの大衆によく受けとめられるはずはありません。すでにこの戦時教学をめぐっては、教団外の歴史学者や社会学者からも厳しい批判があびせられています。このことはこれからも続くことでしょうが、伝統教学は、それらのすべてを黙殺するのでしょうか。東西本願寺は、これほどまでに仏教の原理に背反し、開祖親鸞の意趣から脱線した過去の教団と教学の責任を何ら問うことなく、その錯誤をそのまま糊塗して、これからの大衆に向かって、いったい何をどう教化し、その精神生活をいかに指導していこうとするのでしょうか。

歴史について考察する場合、「もしも」という文句は、まったくむなしいことですが、あえて「もしも」といいうるならば、東西本願寺教団が、もしも、自己の奉ずる『無量寿経』が説く「兵戈無用」、戦争をしてはならないという教言に従って、また開祖親鸞の「国王不礼」、「神祇不拝」という教示に従って、このアジア・太平洋戦争に対して、徹底して反対していたら、そのことは権力に弾圧されて、最後までは貫徹しえなかったとしても、戦後の民衆は、親鸞とは、浄土真宗とは、そういうことを教えていたのか、そういうことを語っていたのかといって、親鸞と浄土真宗をずいぶんと高く評価し、その存在意義を見なおしてくれたことでありましょう。しかしながら、東西本願寺の教団は、そういう教言、教示に背いて戦争に賛成、協力したわけで、戦後の民衆は、このことをめぐって、教団の存在意義を何らも認めることはなくなりました。真宗教団の命運は、その誤れる、戦争協力の責任において、すべて尽きてしまったのです。

その点、当時の法主とその教団の首脳者、およびそれに追随して戦時教学を主唱した教学者の犯した罪科はまことに重大であり深刻です。現代の大衆は、教団が考えているよりも、もっともっと賢明です。このままだとするならば、京都の東西本願寺のあの大屋根の下に、まことの親鸞がいるとは誰しも思わないでしょう。鈴木大拙氏のいわれるとおりです。そしてまた、東西本願寺の中に、これからのまことの人生生活を指導する論理とエネルギーがあるとも、まったく思わないことでしょう。かくして、あの大屋根は、たんなる京都の一風景でしかなくなることでしょう。いずれ多くの人々が、この本願寺教団から、いよいよ離反していくことは、明らかです。そのことは、まことに悲しいことですが、真宗教団が、その戦時下において、自らの進むべき道を誤ったことと、その過誤について、いまもって、何らの反省、懺愧もなく、清算もしなかったことの結果です。かくして、この本願寺には、親鸞はまったく不在であり、本願寺の伝道教団としての命運も、やがては終焉を迎えることでありましょう。

なおまた、今日の日本の政治状況は、憲法を改悪して、他国と戦争のできる軍隊の創設をたくらんでおりますが、この状況に対して、「兵戈無用」の教言を奉じるはずの東西本願寺の真宗教学者は、どう対応するのでしょうか。過去に、戦時教学という重大な罪科を背負うところのその信心の内実が改めて問われてくるところでしょう。

# 第三章　親鸞におけるまことの真宗教義

## 一　真宗教義の原点を探ねる

### 1　阿弥陀仏とは誰か

以上の論考において、本願寺には、親鸞はいないということが明白になってきましたが、とすれば、まことの親鸞はどこにいるのでしょうか。

かつて釈尊が教説されたところの仏教とは、この宇宙世界、人類世界に、ひろく普遍し、貫徹しているところの、究極的な真理について、自分自身の心霊を育てていくことにより、その真理、真実を体解し、それをわが身に深く領納して生きていくことをめざすものでありました。釈尊自身が、長く厳しい求道のすえに、「さとり」をひらいて仏《ほとけ》（ブッダ）になったといわれることは、釈尊自身が、その心霊を育てることにより、そのような究極的な真理、真実を、まさしくわが身にかけて体解することによって、あるべき理想の人格主体を確立し、それにおいて新しく自主独立したところの自立した人生、仏（ブッダ）としての人生を生きていかれたということを意味します。

## 2　阿弥陀仏は私の心に宿っている

しかしながら、そのように釈尊によって体解され、「さとられた」ところの、この宇宙世界に貫徹する究極的な真理とは、私たちのような、その日日に多くの悪業を犯しつつ、不善なる生活を重ねている凡人にとっては、とうてい容易にさとることも、体解することもできません。そこで、そのような私たちのために、もっとも分かりやすく、体解し、領納できるようにと、新しく説明し、それを象徴表現したものが、阿弥陀仏という仏にほかなりません。

すなわち、私たちがいままで学んでいるところの阿弥陀仏の教え、浄土の教えとは、かつて釈尊によって、体解され「さとられた」ところの、このような宇宙世界、人類世界に普遍し、貫徹しているところの究極的な真理を、私たち愚かな凡人にとって、もっとも易しく分かるように、そしてまた、誰でもがたやすく体解できるようにと、改めて説明し、表現されたものが、阿弥陀仏だということです。そのことは、阿弥陀の「アミダ」という言葉は、古代インドの言語であるサンスクリット語では、アミターバ（Amitābha・無量光）とアミターユス（Amitāyus・無量寿）の二語で表象されており、それは無量の光明をもつもの、無量の寿命をもつもの、ということをあらわしております。そしてそのかぎりない光明とは、空間的な無限のひろがりを意味し、またかぎりない寿命とは、時間的な無限のつながりをあらわして、上において明かしたところの、この宇宙世界に普遍し、貫徹しているところの究極的な真理について、そのように表現したものにほかなりません。すなわち、かつて釈尊によって体解され、「さとられた」ところの、このような宇宙世界に普遍し、貫徹している究極的な真理、真実を、私たちにとってもっとも易しく分かるように、そしてまた、そのことを誰でも体解できるようにと、改めて説明し、表現されたものが、阿弥陀仏だということです。親鸞が、

この如来、微塵世界にみちみちたまへり、すなわち一切群生海の心《しん》なり。

（『唯信鈔文意』真聖全二、六四八頁）

と明かされるのは、まさしくそのことを意味するわけで、阿弥陀仏とは、この宇宙世界にみちみちて普遍的に貫徹し、いっさいの群生海の心、私たち一人一人の生命の中にまでに、来り宿っているということです。そしてまた、親鸞が、その『自然法爾章』（真聖全二、五三〇～五三一頁）に、

弥陀仏は自然のやうを知らせんれう

であると明かされるのも、まさしくそのことを意味するものにほかなりません。したがって、阿弥陀仏とは、その名前が意味するように、この天地自然に貫徹するところの道理、真理について表象したものなのです。

かくして、私たちがいままでに学んでいるところの阿弥陀仏とは、まさしくそういうことだということを、よくよく理解してください。決して、いままでの伝統教学が語ってきたような、客体的、実体的な存在として、超越的なパワーをもったものと捉えてはなりません。阿弥陀仏とは、釈尊の「さとり」の内実、その根源的な真理、真実を、私たち凡人のために、かりに象徴され、表現されたもので、まさしく「自然のやうを知らせんれう

（材料、手段）」なのです。

## 二　真宗行道論

### 1　聞名信心の道

ところで、私たちが、このような阿弥陀仏を、わが身にかけて発見し、それを自分自身に体解していくについては、どのような手段、方法によるべきでありましょうか。それについては、浄土教の根本経典である〈無量寿経〉に的確に教説されております。すなわち、その〈無量寿経〉のもっとも原形である〈初期無量寿経〉の中で、しかもまた、もっとも古い『大阿弥陀経』によりますと、阿弥陀仏とは、姿形により、仏身、仏像として表象されるとともに、また言語により、仏の声、すなわち、仏の私たちに対する呼び声としての仏の声、仏名、名号として表象されると明かされております。したがって、この阿弥陀仏に値遇し、それを体解、領納するためには、わが心の眼を育てていくことにより、その心眼を見ひらいて、その仏の姿形、仏身を見るという、見仏、観仏の方法か、または、わが心の耳をよく育てていくことにより、その耳をすませて阿弥陀仏の音声、仏名を聞いていくという聞仏、聞名の方法によらなければなりません。つまり、私たちが、阿弥陀仏に値遇し、それを確かに体解するためには、その仏身、仏像を、心の眼を見ひらいて見るという見仏、観仏体験の方法か、その仏の声、私に対する仏の名のりの声としての名声、名号を聞くという聞声、聞名体験という方法かの、二種の方法しかないということです。

すなわち、阿弥陀仏を体験し、それをまさしく領納するためには、見仏体験するか、聞名体験するかによるべきであり、それ以外には、阿弥陀仏に値遇し、それを体験する方法、手段はありません。いままでの伝統教学が、信心とは、阿弥陀仏の名号を「いただくことだ」とか、その慈悲に「まかせることだ」というのは、まったくの「作りばなし」であって、そんなことは『経典』のどこにも、説かれてはいませんし、まして、親鸞は、どこにも教えてはおりません。よくよく学んで迷わないようにしてください。

そしてまたインドにおける仏教論書の『大智度論』によりますと、仏身を見るという見仏の道はきわめて困難な道であるが、仏の声を聞くという聞仏、聞名は、まことに易しい道であると解説されております。かくして、この『大阿弥陀経』には、阿弥陀仏に値遇し、それを体解するためには、もっぱら聞名の道によるべきであり、その道こそが、いかなる不善作悪なる日日を生きるものでも、容易に阿弥陀仏を体解し、領納することができると説かれております。すなわち、私たち凡人にとっては、阿弥陀仏を体験する道は、ひとえに、その阿弥陀仏の声を聞くこと、聞名の道であるということです。

かくして、その漢訳された『無量寿経』に説かれる阿弥陀仏の四十八願中の十三種の願文には、聞名による行道とその利益について明かされており、ことにその第十八願成就文には、

あらゆる衆生、その名号を聞きて信心歓喜せんこと乃至一念せん。至心に廻向せしめたまえり。彼の国に生まれんと願ぜば、すなわち往生をえ不退転に住せん。ただ五逆と誹謗正法とをばのぞくと。（真聖全一、二四頁）

と説いて、聞名して信心歓喜し一念するならば、浄土に往生して不退転地の利益をうることができると語り、またその別訳である『如来会』の第十八願成就文にも、

他方の仏国の所有の衆生、無量寿如来の名号を聞きて、乃至よく一念の浄信をおこして歓喜せしめ、所有の善根廻向したまえるを愛楽して、無量寿国に生ぜんと願ぜば、願

にしたがいてみな生まれて、不退転乃至無上正等菩提をえん。〈真聖全一、二〇三頁〉

と明かして、聞名して一念の浄信、信心をおこして歓喜するならば、すべて浄土に往生して不退転地の利益をうることができると明かしております。そしてまたそのインドの原典としての『サンスクリット本』における、上の『無量寿経』、『如来会』の第十八願成就文相当文によりますと、

およそいかなる生ける者たちであっても、かの世尊アミターバ如来の名を聞き、聞きおわって、たとえ一たび心を起こすだけでも、浄信にともなわれた深い志向をもって心を起こすならば、かれらはすべて、無上なる正等覚より退転しない状態に安住するからである。〈藤田宏達『梵文和訳　無量寿経・阿弥陀経』〈法藏館〉一〇八頁〉

と語っております。その経説の意趣については、上に見た漢訳本の『無量寿経』と『如来会』のそれに、およそ重なるところです。ただし、この『サンスクリット本』の第十八願成就文相当文では、その不退転地の利益を、現生における利益として捉えております。こ

のことは、親鸞は、その『サンスクリット本』については見ていないわけですが、その他の漢訳本を深く研究、領解することによって、的確に教示しているところであって、とても重要な教説ですので、真宗信心の利益として、充分に領解してください。かくして、その〈無量寿経〉の漢訳本や『サンスクリット本』によりますと、阿弥陀仏の仏名、阿弥陀仏の私に対する告名の声、招喚の声としての名声、名号を聞くならば、まことの信心体験をえて、確かに阿弥陀仏に値遇し、それを体解、領納できるということです。

なおまた、このような聞名による行道については、〈阿弥陀経〉にも説かれているところです。すなわち、この〈阿弥陀経〉には、原典としての『サンスクリット本』のほかに、漢訳本が二種類あり、日ごろ私たちが用いている羅什《らじゅう》訳の『阿弥陀経』によりますと、

舎利弗、もし善男子、善女人ありて、阿弥陀仏を説くを聞きて、名号を執持すること、もしは一日、もしは二日、もしは三日、もしは四日、もしは五日、もしは六日、もしは七日、一心にして乱れざれば、その人命終の時に臨みて、阿弥陀仏もろもろの聖衆とともに、現にその前にましまさん。この人終わらん時、心顚倒せずして即ち阿弥陀仏の極楽国土に往生することをえん。

（真聖全一、六九頁）

と説き、また別訳本の玄奘《げんじょう》訳の『称讃浄土経』によりますと、

もし浄信あるもろもろの善男子あるいは善女人、かくのごときの無量寿仏の無量無辺不可思議の功徳の名号、極楽世界の功徳荘厳を聞くことをえ、聞きおわりて思惟して、もしは一日夜、あるいは二、あるいは三、あるいは四、あるいは五、あるいは六、あるいは七、念を繋けて乱れざれば、この善男子あるいは善女人、命終の時に臨みて無量寿仏、その無量の声聞の弟子菩薩衆とともに、前後に囲繞し、その前に来住して慈悲加祐し、心をして乱れざらしむ。すでに命を捨ておわりて仏の衆会に随いて、無量寿の極楽世界清浄の仏土に生ず。（真聖全一、二四六頁）

と語っております。すなわち、玄奘訳では、阿弥陀仏の名号を聞て思惟し、繋念して乱れざれば、臨終に来迎をえて、浄土に往生することができると明かします。またその『サンスクリット本』によりますと、

シャーリプトラよ、およそいかなる良家の子息や良家の子女であっても、かの世尊ア

ミターユス如来の名を聞き、聞いて思念し、一夜、あるいは二夜、あるいは三夜、あるいは四夜、あるいは五夜、あるいは六夜、あるいは七夜の間、散乱しない心をもって思念するであろう（manasikariṣyanti）ならば、かの良家の子息や子女が臨終のときに、かのアミターユス如来は、声聞の僧団にとりまかれ、菩薩の集団に恭敬されて、かの臨終の者の前に立たれるであろう。そして、かの者は心が顚倒することなく死ぬであろう。かれは死んでから、同じかのアミターユス如来の仏国土である極楽世界に生まれるであろう。（藤田宏達『梵文和訳　無量寿経・阿弥陀経』〈法藏館〉一六四頁）

と説いて、阿弥陀仏の名号を聞き、聞いて「思念し」「散乱しない心をもって思念するならば」、臨終に来迎をえて浄土に往生することができると明かします。

かくして、上に見た羅什訳の「聞説阿弥陀仏、執持名号（中略）一心不乱」とは、その『サンスクリット本』では、「かの世尊アミターユス如来の名を聞き、聞いて思念し」「散乱しない心をもって思念する」とあって、その執持名号の原意とは、聞名にもとづく「思念（manasikāra）」を意味することが知られます。それについては別訳の玄奘訳も「無量寿仏の無量無辺不可思議の功徳の名号」と「極楽世界の功徳荘厳を聞くことをえ、聞きおわって思惟し」、「念を繫けて乱れず」と語るところで、そのことは明らかに、聞名にもとづいて、作意、思念、思惟することを意味するものでありましょう。そしてまた、その思念、思惟とは、上に見たところの『無量寿経』および『如来会』の第十八願成就文に重ねて、意をえていうならば、そのことは、聞名して信心、憶念することを意味するわけで、ここでいう『阿弥陀経』の行道とは、聞名にもとづくところの信心の道であるということができると思われます。そして、その点からすれば、この〈阿弥陀経〉の行道も、基本的には、上において見たところの〈無量寿経〉が教説するところの、聞名信心不退、聞名信心往生の道に共通し、それに重層するものであったともいいうるでありましょう。

かくして、この〈阿弥陀経〉と〈無量寿経〉には、いろいろと共通するところがあるように思われます。今日に至る研究によれば、浄土教思想の誕生、さらにはこの〈阿弥陀経〉と〈無量寿経〉は、およそ紀元一世紀のころに、北西インド地方において成立したものであろうと考えられておりますが、とすれば、この〈阿弥陀経〉と〈無量寿経〉との関係はいかなるものでありましょうか。今日では、〈阿弥陀経〉が〈無量寿経〉に先行して成立したという主張も見られますが、充分に承認される説ではありません。この両経には、かなり共通する部分があるとしても、まったく同じ思想背景をもって、また同じ時代、同じ地域において成立したと考えることは困難でしょうが、もしそうだとすれば、それはいかなる環境、背景をもって成立し、展開していったものでしょうか。そのすべては、今後の研究をまつほかはありませんが、ともあれ、その行道思想としての、聞名、信心の道については重層するところであって、充分に注目すべき点でありましょう。

## 2　三業奉行の道

かくして、真宗における浄土の行道とは、すでに上において見たように、〈無量寿経〉および〈阿弥陀経〉によるかぎり、聞名信心の道であるというべきであります。しかしながら、それにかかわって、西本願寺の伝統教学では、信心とは、もっぱら願行具足の名号をもらうことであり、または、その大悲に向かって、「たすけたまへ」と「たのむ」ことであると語りますが、そのことは、このような〈無量寿経〉や〈阿弥陀経〉の教説については、まったく無知、不明なる覚如や蓮如がいったことであり、この覚如や蓮如は、かつて親鸞が、仏教にあらざる外道であるとまで厳しく批判したところの、西山浄土宗と鎮西浄土宗が説くところの教説を、その親鸞の批判の文章を読むことなく、そのまま模倣して、「名号をもらう」とか、「たすけたまへとたのむ」と語ったものでしかありません。仏教にあらずして、外道でしかない浄土宗の教義が、いまでも真宗の教義だといって教説されているわけです。まことに愚かな話ではあります。

親鸞のまことの教えを学ぶについては、よくよく留意して、決して誤らないよう気をつけてください。

ところで、上に見たように、私たち凡夫の仏道である、阿弥陀仏に値遇し、それを体解し、領納するためには、ひとえに聞名信心の道を行じて、この現生において、まさしく初地、不退転地、正定聚の利益をうるということでありました。

しかしながら、私たちが、その阿弥陀仏の声、その名声、名号を確かに聞くという、聞名体験をうるためには、どうすればよいのでしょうか。それについては、この〈無量寿経〉においては詳細には教説されておりませんが、この〈無量寿経〉が成立した時代とほぼ同じ時代に出生した龍樹（Nāgārjuna・一五〇～二五〇ごろ）が、その『十住毘婆沙論』において明確に教示しております。すなわち、その「易行品」によりますと、在家者のための菩薩道を明かすについて、この現生においてその第四十一位なる初地、不退転地を証するためには、二種の行道があるといい、その一種は、五功徳法を修するという難行道、いま一種は、信方便易行なる易行道があるといいます。そしてその信方便易行道とは、諸仏諸菩薩における聞名不退の誓願に対する信認決定にもとづいて修めるべき易行を意味するもので、その易行の具体的な内実としては、身業による礼拝、口業による称名、意業による憶念の三種の行業を明かしております。そしてそのような身、口、意の三業を日日不断に実践し、それを徹底、深化していくならば、それにおいて、やがては確かに阿弥陀仏の声、その私に対する呼び声、告名の声を聞いて信心清浄なる境地に至ることができるというわけです。すなわち、私がその日日に不断に礼拝、憶念し、称名しつつ、その称名が、私から阿弥陀仏に対する私の称名であるがまま、それがそっくり、阿弥陀仏から私への仏の呼び声であると聞いていくということです。そのことは、あたかも、子供がその母親に向かって、「お母さん」と呼ぶことにも重なるものでありましょう。子供が母を呼ぶことは、子供自身が考えて呼んだのではありません。母親の愛情によって、そう呼ぶように教えられ導かれたのです。そして子供は、「お母さん」と繰りかえして母を呼びながら、次第に母の愛情を確認し領納していくのです。いまの私たちにおける称名念仏行もそうです。その日日に不断に阿弥陀仏に向かって称名念仏しつつ、それが私から阿弥陀仏への私の称名でありながら、それはそっくり、阿弥陀仏の大悲によって育てられ、導かれることによってこそ、よく成りたったものであると気づき、そのような称名とは、阿弥陀仏の私に対する呼び声にほかならないと体解し、信知していくのです。

すなわち、龍樹浄土教の教説によれば、礼拝、称名、憶念の三業の実践、それを徹底、深化していくならば、それにおいて、阿弥陀仏の声を聞くという聞名体験が成立し、それにおいて信心清浄となり、初地、不退転地の証益をうることができるというわけです。そしてこのような礼拝、称名、憶念なる三業の実践ということならば、在家者の誰もが修めることができる易しい行業であって、まさしく易行道ということができましょう。かくして、阿弥陀仏の本願に誓約されたところの、不善作悪者なる私たち凡夫のための聞名の仏道とは、このような龍樹における教示によってこそ、はじめて具体化され、私たちの仏道として確立されたわけであります。

かくして、私たち真宗者が、今日において、その日日に仏壇に向かって礼拝勤行するところの仏事として、礼拝、称名、憶念の三業を奉行実践していることは、基本的には、このような龍樹浄土教の教示にもとづくものであることを、よくよく思うべきでありましょう。

そしてそのことは、親鸞によって、まさしく継承、伝統されているところであって、親鸞は、その『教行証文類』において、真宗の仏道を、詳細に解説しているところですが、その「行文類」においては、先ず真宗における仏道としては、何よりも専修念仏の道、「ただ念仏のみぞまこと」として、主体的に確かに選びとられたところの念仏の道であるべきだといい、私たち凡夫が日日修めるべき行業としては、何よりも称名念仏一行であると指定いたします。そしてまた、そのような称名行とは、私から阿弥陀仏に対する私の行業であるとともに、それはすなわち、阿弥陀仏の、仏から私に対する仏の行業、その呼び声であるとして、心に深く聞いていくべきであるといって、〈無量寿経〉などの十三文を引用し、その私の称名とは、そのまま私にとって聞名となるべきことを教示しております。すなわち、称名即聞名の行道の教説です。そして親鸞は、つづいてその「信文類」においては、その称名即聞名の内実については、その聞名とは、まさしく私が称名念仏しつつ、その聞名において、阿弥陀仏の本願の生起（原因）と本末（結果）の二種について聞名、信知していくこと、すなわち、その称名即聞名において、私自身の現実存在の実相について、それが罪悪深重にして地獄必堕の存在であるということを、徹底して内観、自覚しつつ、またそれに即して、阿弥陀仏の私に対する本願大悲の内実について、それは私のためにかたときも倦むことなき悲痛としてましますことを思い知り、信知していくということです。そしてそのような私と仏についての二種なる信知の体験こそが、真実なる真宗信心であるというわけであります。このことが、「信文類」の主題の教説です。
かくして、親鸞において教示されたところの真宗における行道論とは、〈無量寿経〉および〈阿弥陀経〉に教説されるところの、聞名信心にもとづく不退転地趣入の道であり、そのより具体的な行業としては、龍樹浄土教に学んだところの、礼拝、称名、憶念なる身、口、意の三業奉行でありました。そのことについては、親鸞は、その『教行証文類』の「行文類」と「信文類」に、詳細に明示しているところであります。そしてまた、親鸞は、そのことについて『高僧和讃』（龍樹章）に、

不退のくらゐすみやかに　えんとおもはんひとはみな　恭敬の心に執持して　弥陀の名号称すべし。
（真聖全二、五〇二頁）

と明かしております。ここで「恭敬の心に執持して」というのは、その「易行品」によれば、憶念、礼拝を意味していることは明瞭です。すなわち、私たちが、まことの信心体験を開発して初地、不退転地に至り、正定聚の現生利益をうるためには、何よりも、礼拝、称名、憶念なる三業を奉行せよと教示しているわけです。すなわち、真実の信心体験を身

にうるということは、それ自身、単独で成立するものではなくて、私の礼拝、称名、憶念なる、三業奉行にもとづいてこそ成りたつもので、私自身の日日の不断の行為、実践なくして、信心が開発されてくるものではありません。このことは、よくよく領解していただきたいものです。

ことに西本願寺の伝統教学では、上において明示した親鸞の意趣を何ら学ぶこともなく、もっぱら西山浄土宗の教義を模倣して、信心成立以前に念仏を称えてはならないと禁止し、その信心とは名号を「もらう」ことであり、またはそれを「たのむ」ことであると語っておりますが、親鸞が、「行（称名）をはなれたる信（信心）はなしときゝて候。又信（信心）はなれたる行（称名）なしとおぼしめすべし」（『末灯鈔』真聖全二、六七二頁）と教示していることをどう理解するのでしょうか。親鸞は行信一如、称名をともなわない信心はなく、信心は必ず称名に即すると教言しているところです。その点、西本願寺の伝統教学が、親鸞の意趣と明らかに齟齬しているわけですが、いまもって、それに気づくことなく修正もしないとは、まことに愚かというほかはありません。

# 三　真宗信心論

## 1　信心とは「めざめ体験」

そこで、真宗における行道とは、礼拝、称名、憶念の三業を、不断に奉行相続することによって、信心を開発する道であるとするならば、その行道において成立するという信心体験の内実とは、いかなるものでありましょうか。

先ず、真宗における信心とは、真宗正依の漢訳経典である『無量寿経』の第十八願文に「至心信楽」と説かれ、またその第十八願成就文に「信心歓喜」と明かされるものを根拠として語られるわけですが、その〈無量寿経〉の原典である『サンスクリット本』によりますと、その「信楽」および「信心歓喜」の原語は、prasannacitta と説かれていて、その意味は、チッタ（citta）、心が、プラサーダ（prasāda）、澄浄となり、喜悦をもつことをあらわしております。いまはそれを「信楽」とか、「信心歓喜」と漢訳しているわけです。そしてそのチッタ プラサーダがあらわす心の澄浄とは、インドの仏教論書によりますと、私における無明、煩悩の心が、仏道の一定のところ（初地）までに破られていき、その段階までの、仏の「さとり」、智慧なる明知がひらかれてくることを意味して、それはすなわち三昧《さんまい》（samādhi）見仏の境地にも重なるものであると明かされております。〈無量寿経〉において、そのような信心を開発するならば、即時に、初地、不退転地（菩薩道五十二段階中の第四十一位のさとり）に住し、正定聚の位に至ると教説されていることは、まさしくそのことを意味するわけであります。

そして、親鸞は、そのことについて充分に理解していたとうかがわれるところであって、その『教行証文類』の「信文類」において、本願の至心、信楽、欲生の三信心を解説するについて、そのいずれをも、「疑蓋まじわることなし」と明かしておりますが、その疑蓋については、親鸞が、その若い日に、比叡山における天台教学の学習において、つねに学んでいたであろうと思われる、天台宗開祖、智顗《ちぎ》（五三八～五九七）が、仏道修学の初心者のために述作したところの『法界次第初門』に、詳細に解説しているところですが、それによれば、その疑蓋とは、世間の通疑とは異って、私たちが宿しているところの愚痴、無明の迷いの心のことで、その心をもったままに仏法を学ぶならば、仏道修習の障害、覆蓋になるところから疑蓋といい、そのような無明の心とは、仏道における見諦、すなわち、菩薩道の初地においてこそ、よく断ずることができると明かしております。

もともと、仏教教学においては、一般的、広義的な意味での疑と、仏道における疑とは、いちおう区別して捉えられており、そのような疑蓋とは、無明、愚痴の心を意味して、そのことは、一定の仏道上における階位（菩薩道の四十一位、初地）においてこそ、よく転じることができるといいます。

親鸞が、その「信文類」において明かすところの、真宗における信心、本願の信心とは、まさしくそういう疑蓋、無明を転じたところの、澄浄、喜悦なる心の境地を意味しているわけであります。親鸞が、

信心をえたる人おば、無碍光仏の心光つねにてらし、まもりたまふゆへに、無明のやみはれ、生死のながきよ、すでにあかつきになりぬとしるべしと也。

（『尊号真像銘文』真聖全二、六〇一〜六〇二頁）

念仏を信ずるは、すなわちすでに智慧をえて、仏になるべきみとなるは、これを愚痴をはなるることとしるべきなり。

（『弥陀如来名号徳』真聖全二、七三五頁）

摂取の心光つねに照護したまう、すでによく無明の闇を破す。

（「正信念仏偈」真聖全一、四四頁）

などと説き、また、その信心を、「無上智慧の信心」（『唯信鈔文意』）といい、また「信心の智慧」（『正像末和讃』）と明かし、またそれに左訓して、

信ずるこころのいでくるは、智慧のおこるとしるべし。
（『正像末和讃』左訓、『親鸞全集』〈法藏館〉第二巻　和讃編、一四五頁）

と明かしているところです。その点からすれば、真宗における真実信心とは、仏道におけるー定（菩薩道五十二段階中の第四十一位、初地）までの智慧（さとり）をうるということであります。かくして、従来の本願寺の伝統教学が語っているところの、真宗信心とは、もっぱら阿弥陀仏に向かって、「たすけたまへとたのむ」ことであり、または、その阿弥陀仏に対して、ひたすらに「まかす」ことであるというのは、〈無量寿経〉の教説についても、または親鸞の教示についても、まったく無知なるものが語ったところの、たんなる「たわごと」「作りばなし」であるといわざるをえません。愚かなことです。そのことは、充分に気をつけて学んでください。

すなわち、親鸞における真実信心とは、智慧として、明確に主客一元論の立場にたつも

のであって、本願寺の伝統教学が語るところの、信心とは、「たすけたまへとたのむ」ことであり、あるいはまた、本願大悲に、すべてを「まかす」ことだといって、主客二元論的に語るものとは、まったく相違いたします。その点、親鸞没後七百五十年の間、真宗における信心を解説するについて、それを一元論的に捉えて明かしたものは、近世における本願寺派の石泉僧叡（一七六二〜一八二六）と近代における本願寺派の七里恒順（一八三五〜一九〇〇）のただ二人だけだということができましょう。その僧叡は、真宗信心とは「心が澄んで奇麗《きれい》になる、それが信という物柄なり」、「心の澄浄なるが信の自性なり」（『教行信証文類随聞記』）などと語っております。そのことは、仏教における信心の本義、〈無量寿経〉の教説を、正当に領解しているところであって、まことに見事というほかはありません。また恒順は、信心とは、「夢が醒めたこと」だといい、「信心を戴いたものは、何処となく変はる処がある」（『七里和上言行録』）といっております。まさしく真宗信心の本質としての、人格の変容、新しい人格主体の確立について、的確に指摘しているところです。なおまた、この僧叡と恒順は、日日不断の称名念仏の策励を主張したということで、両者とも、西本願寺教団より異端視され、排斥されたわけですが、ここには、信心以前における三業奉行、称名念仏の実践によってこそ、よく一元論的、主体的な真実なる信心体験が成立し、また、まことの人格主体、自立が確立されてくることが知見されて、真宗の行道における称名念仏の重要性が改めて味識されてくるところであります。ともあれ、近世、近代を通じての四百年におよぶ真宗教学史の中で、親鸞の根本意趣なる一元論の信心体験について、もっとも明確に領解し、それについて開顕し、主張したものは、ただこの僧叡と恒順の二人だけであったということは、充分に注目し、その正当性を高く評価すべきでありましょう。

## 2　信心とは人格主体の確立

そしてまた、親鸞における信心論について注目すべき点は、真実信心体験を開発するならば、その必然として、人格変容が生まれてくることとなり、それにおいて、まさしき念仏的人格主体が確立されてくるということです。すなわち、真実信心とは、智慧がひらけてくることだといいましたが、そのことは、より具体的にいいますならば、その「正信念仏偈」に、

摂取の心光常に照護したまう、すでによく無明の闇を破すといえども、貪愛瞋憎の雲

霧、つねに真実信心の天におおえり。たとえば日光の雲霧におおわるれども、雲霧の下明らかにして闇なきがごとし。

（「行文類」真聖全二、四四頁）

と明かされるように、阿弥陀仏の光明に照養されて、無明、生死を超断していくことですが、そのことはまたそのまま、そのことに即一して、自己自身の現実相が、つねに無明、煩悩に繋縛されながら生きている罪業深重なるこの私自身について、深く自覚、知見せしめられていくということでもあって、信心にもとづいて、私自身における無明、煩悩が、一定のところ（菩薩道五十二段階中の第四十一位、初地）までは破られ、断滅されながらも、またそれに即して、私における現実の無明、煩悩が、いよいよ厳しく知見され、自覚されてくるということでもあって、そのことは、わが身は「とても地獄は一定すみかぞかし」（『歎異抄』）と知られてくると同時に、わが身はいよいよ「往生は一定」（『末灯鈔』）と知られてくることでもあり、その信心の内実においては、まさしく地獄と浄土の信知とが、絶対矛盾的自己同一の構造をもって成立してくるわけであります。そのことは、あたかも夜が明けて朝が来る。恐ろしい夢がさめて正気となるというようなものです。夜が明けるということは、暗い夜と明るい朝との同時体験です。また夢からさめるということも、また恐ろしい夢と、そのめざめ、正気との同時体験です。いまも信心において、私はまさしく地獄一定の存在であると体験、自覚するということは、私はすでに往生は一定の存在であるということと同時に体験することで、夜が明けることと夢からめざめることと同じように、まったく絶対的に矛盾対立する明暗、迷悟なる二種の事象について、まったく同時に、矛盾的に智見し、「めざめ」ていくことを意味するものであります。

かくして、親鸞が教示するところの真実信心とは、まったく出世的、主体的な、主客一元論的な「めざめ」体験、知見のひらけをいうわけであります。そしてまた、真宗における信心体験が、このように厳しい内実を含んだところの「めざめ」体験であるところ、そこにはその必然として、その信心主体においては人格変容が生まれてくることとなります。もともと、人間の人格主体の内奥において、そのような厳しさと優しさ、孤立性と接触性、厳父性と悲母性という、まったく相反する二種の自覚契機、そういう緊張関係が、バランスよく成立していくならば、その必然として、人格主体において脱皮と成長が生まれてくることとなり、それにおいて、その人格変容、人間成熟が成立してきます。そのことは、教育学や心理学において、人格形成をめぐってすでに語られているところであり、親鸞もまた、「行文類」において、真宗念仏が宿すところの人格変容、人間成長にかかわる利益について、「厳父の訓導するが如し」「悲母の長生するが如し」と説いているところです。親鸞が、人間成熟、人格変容について、確かなる識見をもっていたことが、よくよくうかがわれるところであります。

そしてまた、真宗信心においては、その信心がまことの信心として、厳しい「めざめ」体験であるならば、その必然として、確かなる人格変容、人間成長をもたらし、次第に新しい責任主体、新しい人格主体を形成し、まさしく自立して生きていくこととなります。すなわち、念仏的人格主体の確立です。親鸞が、その『愚禿鈔』において、

本願を信受するは前念命《ぜんねんみょう》終《じゅう》なり。即得往生は後念即生《ごねんそくしょう》なり。（真宗全二、四六〇頁）

と明かすものは、真宗信心が、そのような人格変容をもたらし、新しい人格主体を確立せしめてくることとをあらわしております。すなわち、ここで「本願を信受する」「即得往生」というのは、『無量寿経』の第十八願成就文にもとづいて、その真実信心においては、現身のままに、如来の生命をたまわって、現生に往生をうるということを明かしたものですが、次の「前念命終なり」「後念即生なり」とは、善導の『往生礼讃偈』の文によった

もので、ここでは信心の開発の一念（永遠の今）の前後の時間において、その前の時間のところで、すでに旧い迷いの生命が終わり、その後の時間のところで、新しい仏の生命に生まれかわることを意味します。すなわち、その信心開発の永遠の今なる信の一念において、人格的に死と生、脱皮と成長とをとげていくということです。そしてまた、親鸞における信心の相続をめぐる教示によりますと、その信の成立を意味する一念の信心とは、さまざまな縁を通して、繰りかえして反復されながら、非連続の連続、連続の非連続として、一念から一念へと相続され、深化していくということでもあります。

すなわち、私たちが真宗信心を生きていくということは、そういう「めざめ体験」、そしてそれにもとづく命終と即生、脱皮と成長をかぎりなく繰りかえしつつ、相続していくということでもあります。そしてまた親鸞は、その念仏、信心において、そのような人格変容をとげつつ、新しい人格主体を確立していくことを、しばしば「仏に成るべき身と成る」（『弥陀如来名号徳』・『一念多念文意』）ことだと明かしております。

親鸞は、真実信心の人は、この煩悩の肉体を生きているかぎり、仏に成ったとはいえないとしても、すでにこの現身に仏の生命を生きるものとして、やがてこの肉体を捨てるならば、ただちに仏と成るわけだから、すでに今生において、仏に成るべき身に成った人だと主張したわけです。すなわち、真宗において信心を生きるということは、そういう「仏に成るべき身と成った」人として、明確なる責任主体、念仏的人格主体を確立して、ただいまの自己自身の人生と、その自己を取りまく、現実の歴史的、社会的な諸状況に対して、明確な自己責任をもって対応しながら、ひとえに世俗を厭い、浄土を願いつつ、もっぱら念仏者としての道を、誤りなく進んでいくということでなければなりません。

その点、上に見たような、かつての戦時教学において、阿弥陀仏と天皇は同じである、仏法は神道の一部であると主張した真宗教学者たちの信心とは、そういう責任主体、まことの人格主体がまったく欠落したところの、欺瞞の信心であったことは、まことに明瞭であります。しかしながら、東西本願寺の教学は、そのような錯誤の戦時教学については、いまもって、まったく自己批判としての総括も清算もしてはおりません。その点、いま私たちが真宗の信心を学んで生きるについては、そういう前者の誤れるわだちを二度と踏まぬよう、それについては充分に、批判的に検証しながら、まことの信心主体をしっかりと確立して、誤りのない自立した信心の道を生きていきたいものです。

## 3　伝統教学の誤謬

### a　「たのむ」心としての真宗信心

親鸞における真実なる真宗信心とは、すでに上において見たように、基本的には、主客一元論的、主体的な「めざめ」体験であり、そしてまた、その信心においては、そのことの必然として、新しく人格変容が生まれることとなり、それにおいて新しい人格主体を確立して、まことの自立をもたらすものでありました。

しかしながら、従来の東西本願寺の伝統教学においては、その真宗信心を解説するのに、そのような性格については絶えて語りません。すなわち、本願寺を創建した覚如（一二七〇～一三五一）は、当時盛んであった関東の門弟中心の教団に対抗して、親鸞の血の論理を主流とする本願寺を京都に創建しましたが、そこでは、真宗の教義を何ら伝統することはありませんでした。覚如は、親鸞の息男、善鸞の長子、如信に真宗の教義を学んだと主張していますが、この如信には、親鸞に従って真宗の教義を学んだという形跡はまったくありません。覚如は、若いころに、『歎異抄』の作者といわれる唯円に縁がありましたが、この唯円は、晩年の親鸞に附随したといわれますが、親鸞の真宗教義を、何ら的確には学んではおりません。唯円はのちに関東に弘まっていた一念義なる証空の西山浄土宗を学んだようで、その『歎異抄』には、そのような一念義が明瞭にうかがわれます。そして覚如は、この唯円を媒介として、京都の西山浄土宗の僧侶である安養寺の阿日房彰空の門弟となって西山浄土宗の教義を学び、それを真宗の教義として移入、模倣しました。この彰空は『安心決定鈔』の著者ともいわれており、それによって、およその思想傾向がうかがわれます。そしてまた、この覚如の息男の存覚（一二九〇～一三七三）も、父と同じように、この彰空の門弟となり、西山浄土宗を学びました。

かくして、覚如は西山浄土宗を学んで、真宗の行とは名号だと主張しましたが、存覚は、それを称名だと理解し父子が対立いたしました。その点、近世における伝統教学においては、東本願寺の伝統教学では、その行については、存覚を継承して称名だといい、西本願寺の伝統教学では、覚如を継承して名号だといい、今日に至るまで対立しているところです。しかしながら、その信については、覚如、存覚とも、西山浄土宗をまねて、「帰属」、「帰託」、「帰す」と解釈いたしました。そのことは蓮如に至りますと、蓮如はことに存覚を排して覚如の教学を踏襲し、また『安心決定鈔』を重視しましたので、その行とは名号であり、信については、その当時、多念義なる弁長が開宗したところの鎮西浄土宗がひろく伝播し、ことには、その一条流においては、その信心のことを「仏たすけたまへ」と

「たのむ心」のことであると解釈し、そのような理解が、一般の民間に流布していましたので、蓮如もまた、その鎮西義を模倣して、阿弥陀仏を信じるとは、阿弥陀仏に対して、一向に「助けたまへ」と、「たのむ」心のことであると、盛んに教示しました。

なおまた、この一念義なる西山浄土宗と多念義なる鎮西浄土宗は、親鸞と同門の法然の門下である証空（一一七七〜一二四七）と弁長（一一六二〜一二三八）によって開宗されたものですが、その証空は、かつて承元の法難の時には、法然、親鸞らとともに流罪に決定したわけですが、証空はひとり、時の権力にうまくとりいって、その流罪をまぬがれたわけです。そしてまた、その後の嘉禄の法難の時も、再び流罪と決定いたしましたが、その時にもまた流罪をまぬがれました。証空とはそういう人物です。幼くして法然の門弟となり、その庇護をうけながらも、恩師の法然に背いたわけです。またこの証空は、のちに西山浄土宗を開宗したわけですが、それについては、比叡山や奈良の旧仏教に妥協して、それらが説く諸善、万行は、すべて念仏胎内の善根であり、すべてが浄土往生の行業であると主張いたしました。法然の専修念仏の主張を否定廃棄したわけです。

そしてまた、多念義を主張した弁長は、その法難には関係ありませんでしたが、のちに鎮西浄土宗を開宗するにあたっては、阿弥陀仏には総願と別願があるといい、その総願とは四弘誓願で、そこには諸行往生が誓われ、別願とは四十八願であって、その第十八願には念仏往生が誓われているといい、念仏、諸行のいずれでも浄土往生ができると主張いたしました。いわゆる二類各生の論理ですが、これもまた、比叡山と奈良の旧仏教からの弾圧に屈したわけで、恩師法然の専修念仏の主張を裏切ったのです。この鎮西浄土宗は、第二代の良忠が鎌倉に入って北条氏の支持をえて悟真寺を建立し、関東一帯に布教をはじめ、そののちには、常陸の国にも教線を拡大していきました。この良忠は、もっぱら法然の専修念仏義を排した、諸行往生を是認し、聖道教と妥協しながら、さらには真言系の浄土教と重層しつつ、さらにまた、現世利益を強調しつつ、民間に浸透していったようです。

他方、同じ法然系に属する一念義系の西山浄土宗も、開祖の証空が、早くより、信州から下野、奥州の白河まで布教して、この関東地方には、充分に弘まっていたと思われます。しかしながら無住の『沙石集』によりますと、この西山浄土宗は、法然の専修念仏を排して、真言宗に重層しているといいますので、この西山浄土宗もまた、もっぱら聖道教と妥協しながら布教していたわけでありましょう。またこの西山浄土宗は、この関東では神祇崇拝も、正行として全面的に是認していきました。

親鸞は、このような一念義と多念義の主張と対立、西山浄土宗と鎮西浄土宗の主張とそ

の布教状況を関東在住時代に、つぶさに知見していたものと思われます。親鸞はのちに、その『一念多念文意』において、

一念多念のあらそひをなすひとをば、異学・別解のひととまふすなり。異学といふは、聖道・外道におもむきて、余行を修し、余仏を念ず、吉日良辰《きちにちりょうしん》をえらび、占相祭祀《せんそうさいし》をこのむものなり、これは外道なり。（真聖全二、六一三頁）

と明かしております。その異学とは、あらゆる聖道教や外道の教法を学んで余行を修めるものをいい、また別解とは、念仏を修めながらも、その根本意趣を学ばないで、念仏を念じ、余行に心をうばわれて、自力諸行にも傾倒し、自力の行を励み、さまざまな善根をたのむものをいい、さらにはまた吉日良辰、日や時刻のよしあしにこだわり、祈禱や占いをこととする人々をいいます。当時の関東地方における一念義と多念義、西山浄土宗と鎮西浄土宗は、おたがいに、そのような雑行雑修と現世利益を目標とする、占相祭祀なる民俗信仰を中核としながら、その布教を展開していたことがうかがわれます。

親鸞はそれについて、それらはすべて、まことの仏教でもなく、まことの浄土の念仏の

教法でもなくて、明らかに外道、民俗信仰であると痛烈に批判し、排除しているわけです。

しかしながら、本願寺教団を創立した覚如、存覚、そしてそれを継承した蓮如は、このように親鸞によって、仏教にあらざる外道であるとまで批判された、この一念義の西山浄土宗と多念義の鎮西浄土宗の教義を、そのまま模倣、移入して、真宗の教義を形成したわけです。覚如や存覚、蓮如たちは、このような『一念多念文意』における親鸞の批判の文章を読んだことはなかったのか。そして後世の東西本願寺の伝統教学者は、これらの親鸞の教言について、何の不審、疑問もおぼえることはなかったのでしょうか。かくして、今日における東西本願寺の伝統教学は、親鸞によって、これほどまでに、仏教にあらずして外道であるとまで批判された浄土宗の教義を、今もって正統なる真宗教義であると偽って、伝統し、民衆に教説しているわけですが、それについては、どう考えるのでしょうか。このことは何よりも、今日に至るまでの真宗教学史をめぐる学的研究の不徹底性による無知、不明というほかはありません。これからの東西本願寺の伝統教学は、この問題についてはいかに考えるのか。本願寺は、これからもまた、いぜんとして、親鸞によって仏教にあらずして外道だといわれた教法を、真宗だと偽って語っていくのでしょうか。まことに愚かというほかはありません。

## b 「甘え」の心情としての真宗信心

そしてまた、ことに西本願寺の伝統教学では、今日ではこのような「たのむ」心については、さらに拡大解釈して、「もらう」心とか、「まかす」心のことだともいっていますが、それは真宗の正義からすれば、すでに上に見たところの、本願文の「信楽」、「信心歓喜」の原語が、チッタ　プラサーダ（心の澄浄）であって、まことの智慧がひらかれてくることを意味するわけで、まったくの脱線、誤解であるといわざるをえません。すなわち、西本願寺の伝統教学においては、かつて近世幕末にかけて、三業惑乱といわれる信心争乱をめぐる事件が発生いたしました。そのことは、幕末にかけて、徳川幕藩体制の弛緩もあり、諸外国からの圧力も続いて、国内が騒然とする中で、いままで民衆の精神生活を指導していた仏教も無力化して、仏教無用論が生まれ、さらにはまた、廃仏毀釈の運動がすすめられて、既成仏教教団の存在意義が、厳しく問われてくることとなってきました。そこでそのような内外の諸状況に対して、京都の西本願寺の伝統教学者たちは、強い危機意識を抱くこととなり、ことには若い真宗僧侶の養成を目標とする学寮においては、この伝統の「たのむ」心という信心理解をめぐって、その「たのむ」とは、日常生活に際して、身、口、意の三業にかけて、積極的に実践していくことを意味する、と主張し、そのように教授するものがあらわれました。ところが、そういう中央の発想に対して、地方の学者から、そのような領解は、自力の信心を説くものであるといって反論するものがあり、やがてその三業信心論をめぐって、中央と地方の教学者との対立論争が生まれ、前後十年におよぶ信心惑乱騒動が続きました。そしてその騒動の中で、地方の教学者たちから、「たのむ」ということも、なお自力であって、蓮如が教示した「たのむ」ということは、ひとえに、仏の「名号」を「もらう」ことであり、また、仏の大悲に対して「まかす」ことであるという主張が生まれてきました。そしてその惑乱事件は、教団自身では結着がつかず、ついには徳川幕府の寺社奉行によって裁定されることとなり、地方の教学者の主張が正義であるということで終結いたしました。幕府権力側からすれば、三業にかけた積極的な実践論よりも、まったく受動的な「もらう」とか「まかす」という解釈が好都合であったことは当然でありましょう。

かくして、それ以来、西本願寺の伝統教学においては、その信心を教示するについては、徳川幕府の意趣に追随して、もっぱら仏の名号を「領受する」、「いただく」ことであり、または、仏の大悲に対して、すべて「依憑する」ことであり、「まかす」ことであると解釈してまいりました。その点、東本願寺の伝統教学では、そういう惑乱がなかったところ、蓮如のいう「たのむ」とは、そのまま「請求《しょうぐ》」（ねがい）という意味に理解してきましたが、西本願寺の伝統教学では、その「請求」の意味を否定して、「許諾《こだく》」（まかす）という意味に理解してきたところです。今日の西本願寺の伝統教学において、真宗信心を「もらう」こととか「まかす」ことだと主張することの理由であります。

しかしながら、このように真宗信心を解釈するについて、「たのむ」心とか、「まかす」心などと理解することは、すでに上において見たような、真実信心の意味を否定するものであって、そのような理解は、まさしく「甘え」の心情に通じるものでしかありません。そのような信心理解のところでは、正しい人間変容や、人格主体の確立というものは絶えて成立するはずもありません。

すなわち、「甘え」の心情としての信心理解については、日本語の「甘える」という言葉は、その語源は甘（アマ）という語を活用させたもので、すべてにおいて、「甘い」状態になることを意味しますが、この語は、日本特有の国語で、欧米語には、それに相当する言葉はないということです。そしてその「甘える」という心理は、先向研究によれば、もともとは乳幼児の、母親に対する感情として生まれるものであり、子供が成長する過程において、母親と自分とは別の存在であるとして認識していく中で、それを否定して、なおも母親と一体であろうとする心理のことをいいます。たとえば、子供がいままで母親を独占していたところ、その下に弟か妹ができると、母親はその下の子供を中心に愛情を注ぐようになります。すると、それに嫉妬して、母親の愛情をなおも独占しようとするところ、ここに甘えの心理が生まれてくるわけで、それは従来における、西洋の子育て方法と、日本特有の子育て方法の相違において、必然的に日本社会にかぎって生まれてくるものであるといわれております。

そしてそういう甘えの心理とは、何らかの対象に対して依存するところの心理でもあって、そのような「甘え」の心理をもっともよく表象するものは、「たのむ」という言葉であるといわれます。すなわち、「たのむ」とは、相手の好意あるはからいを期待し、それにすべてを委任することをいいますが、そのことからしますと、真宗信心を解釈して「たのむ」というのは、その真宗信心が、典型的な「甘え」の心情を意味していることを、もののの見事に物語るものでありましょう。そしてそのような甘えとは、その必然として、個人を集団に依存させる心理でもあって、そこではつねに、集団主義を「よし」とする心理を育ててきます。そしてそのことによって、そこではつねに単独行動を裏切り行為としてそれを批判する心理が生まれてきます。日本人には、そういう集団主義を超えるところの公共の精神が乏しいといわれるのは、そういういう日本人特有の「甘え」の心理と、それにもとづく集団主義によるわけでしょう。そしてまた、日本人固有の心理である人情とか義理というものも、そういう「甘え」の心理に根ざすもので、人情とは、そういう甘えを全面的に肯定し、それを奨励することであり、また義理とは、そういう甘えによって結ばれた人間関係というわけで、日本人はその維持をもっぱら賞揚いたします。そしてその反対の単独行動を裏切りとします。

以上のような「甘え」の心情は、真宗における伝統教学にもよく見られるところです。たとえば、伝統教学における教義理解については、自分たちの理解がもっとも正義だとして、それを信奉するものがグループを結成し、その教義理解に対して、少しでも批判的なものは、すべて異端、異安心だといって排除しつつ、同類のものだけが、むらがって上下関係を結んでおりますが、そういう現象は、まさしく「甘え」の心情にもとづく集団主義であり、義理と人情によって形成されたものにほかなりません。これが今日における伝統教学の実態であります。

そしてまた、このような「甘え」の心情のところでは、その日常生活においては、つねに他者依存的となって、人間一人一人が、まさしき責任主体を確立して、自立して生きていくということは、まったく望みえないことでありましょう。すなわち、真宗信心が、そのような「甘え」の心情にもとづいて成立するとすれば、その信心による主体的な社会的実践論が確かに生まれてくるはずはありません。

かつて覚如が、「帰す」という主客二元論的な真宗信心を説きながら、その真宗者の社会的な実践論を明かすについては、親鸞によって排除されたはずの儒教を援用し、それが説くところの、仁、義、礼、智、信なる五常を教示したこと、また存覚が、その『破邪顕正抄』に、

このところの皇恩はことにをもし、世間につけ出世につけ、恩をあふぎ徳をあふぐ、いかでか王法を忽諸したてまつるべきや。（真聖全三、一七三頁）

などといって国王恩と天皇恩を説き、その天皇政権に対しては従順であるべきことを教えております。そして蓮如は、その覚如と存覚を継承して、真宗念仏者の社会的実践については、信心為本に対して王法為本、仁義為先を主張したわけです。

## 四　真宗者の社会的実践論

かくしてそれ以来、近世における真宗者の社会的実践論については、一貫して王法為本、仁義為先ということが教説されてきたわけです。近代に至るとその伝統を継承して、前述の通り（第二章）西本願寺においては、明治一九（一八八六）年一月に制定された「宗制」において

一宗の教旨は仏号を聞信し大悲を念報する之を真諦といい、人道を履行し王法を遵守する之を俗諦という。これすなわち他力の安心に住し報恩の経営をなすものなれば、之を二諦相資の妙旨とす。

と説き、また東本願寺では、少しおくれて、同じ年の九月に制定された「宗制寺法」において、

伝灯相承の正章を顕揚して立教開宗の本書を著す。すなわち教行信証文類なり。けだしその書たるや経論諸書の要文を類聚し、玄を探り幽を闡きもって真俗二諦の宗義を大成せり。これ開宗の大旨なり

と規定いたしました。親鸞は、その主著の『教行証文類』において、信心為本、王法為本なる真俗二諦論の宗義を大成した。これが立教開宗の大旨であるというわけです。しかしながら、その『教行証文類』には、どこをどう読んでも、そういう真俗二諦論は語られてはおりません。とんでもない脱線というほかはありません。だが東西本願寺教団は、近代初頭において、ここまでも親鸞の意趣を裏切り、天皇権威に追随するように真宗教義を改変して、新しく教団体制を形成していったのです。上に見たところの、アジア・太平洋戦争に際して構築された戦時教学とは、まさしくこのような教団体制の必然として生まれたものにほかなりません。

しかしながら、そのような真俗二諦論は、すぐるアジア・太平洋戦争の敗戦によって、完全に自己崩壊したはずではありますが、戦後の今日においても、それはなお亡霊のように生きのびて、東西本願寺の伝統教学では、いまも相かわらず語られているところです。

その戦時教学が、何ら問われるところがなかったので、この真俗二諦論も、そのまま延命し、その残骸をさらしているところです。

すなわち、本願寺派の普賢大円は、昭和三四（一九五九）年に、『信仰と実践』を著して、真宗者の社会的実践について、相もかわらず真俗二諦論を語っております。そしてその主張によれば、真諦（信心）とは如来廻向の法であり、俗諦（生活）とは人間本有の理性によるものであって両者はまったくその本質を異にして無関係であるといいます。だがこの普賢氏は、かつて戦時教学を主唱した教学者であり、その戦時教学においては、

真宗の信仰もまた、その信仰を挙げて天皇に帰一し奉るのである。一声の念仏を称うるにしても、その念仏にこもる力を挙げて、上御一人に奉仕しているのである。

（『真宗の護国性』）

といって、真宗の信心も念仏もすべて天皇に帰一し、奉仕するためのものであると主張しましたが、戦後のいまにおいては、その真諦と俗諦、信心と生活は本質を異にする、関係がないとは、どういうことなのでしょうか。戦時下と戦後の論調がまったく矛盾するので

はありませんか。戦時教学における主張は、どう責任をとるのですか。まことに無責任きわまる態度であります。ところで、西本願寺では、昭和五九（一九八四）年の「安居《あんご》」（綜理・桐渓順忍）において、この真俗二諦論をテーマとして取りあげ、その判決文として、

真諦は衆生が阿弥陀仏を信仰して浄土に往生するという信心正因、称名報恩の教えであるから、これは衆生と仏との関係、すなわち超世間的教法であるといわねばならぬ。これに対して俗諦とは、人間生活における人倫五常の道徳を教えるものであるから、これは世間法であるといわねばならぬ。蓮師の王法為本、仁義為先といわれるのがそれである。以上のように真俗二諦にはそれぞれの立場があるが、この二諦にはたがいに相資相依、両輪両翼の関係があることを忘れてはならない。（中略）なお、当流における真俗二諦は、歴史的にみて対国家の問題としてとりあげられてきたということができる。蓮師も常に王法を遵守すべきことを強調され、王法を俗諦とされたのであった。また広如上人の消息もいわゆる廃仏棄釈に対するものであったことも明らかである。随って俗諦とは単なる倫理道徳というのではなく、真諦門を得た念仏行者の人倫生活であるとみるべきである。

（『昭和五九年度安居講業記』）

と決定しております。この安居における判決文とは、教団の伝統としては、その教学理解をめぐる最高の公式見解だといわれています。しかしここでは、真諦とは、仏法としての「信心正因、称名報恩の教え」をいい、俗諦とは、世間法としての「人間生活における人倫五常の道徳を教えるもの」だといいます。そしてその両者は、相互に「相資相依、両輪両翼の関係がある」と明かします。また、その俗諦とは、ことには「対国家の問題」であり、「単なる倫理道徳というのではなく」て、蓮如は「王法を俗諦とされた」といい、念仏者は、よくその国法を遵守すべきことを教示されたというわけです。

しかしながら、そのような真俗二諦の理解が、かつて、ついには戦時教学として展開され、まったく体制埋没、自己喪失の真宗実践論にまで転落していったわけですが、そのことは、一九四五年、八月一五日、日本の敗戦によって、完全に自己崩壊をとげたはずです。ところが、西本願寺教団は、いまもって、かつての戦時教学に対して何らの自己批判をすることもなく、その俗諦を「王法」といい、「五常」といって、かつての封建体制社会における徳目を語っているわけです。西本願寺は、こんな時代錯誤の発想をもって、この現代における真宗者の社会的実践を、よく指導しうると考えているのでしょうか。その伝統教学が、いかに旧態依然としており、そこには現代社会の大衆を指導しうる、何らの新しい教学も確立されていないことを、ものの見事に証明するものでありましょう。

かくして、これからのあるべき真宗学とは、何よりも、浄土真宗の原点としての親鸞の根本意趣に、明確に回帰することが肝要です。ことにこれからもっとも主要なテーマとなる真宗念仏者の社会的実践論については、すでに親鸞がその方向性について明確に教示しているところです。そしてそのことは、真実信心にもとづく新しい人格主体の確立により、まことの自立をえて、真実信心の「しるし」を生きていくことであり、またその展開としての「世のいのり」に生きていくことであります。すなわち、これからの真宗教学は、いままでの誤れる真俗二諦論を廃棄して、親鸞のまことの意趣にたちかえるべきでありましょう。

# あとがき

この本の「はじめに」の一文は、父信楽峻麿がもともと「あとがき」として、原稿の最後に書き留めていたものでした。文末には平成二七年九月一九日と父の八十九歳の誕生日の日付が記されていました。生前、卒寿の祝いに配る本を書く、と言っていたことがありましたので、本人はその思いもあったのだと思います。

この本の執筆について私が最初に知ったのは、父が亡くなる半年前のことでした。夕食後、「いま最後の本を書いている、これは真宗信心の根幹にかかわるものだ」と言い、その内容を熱く語ってくれました。

少ししてから父は体調を崩し、病気も見つかり、入院をしたり、療養したりする中で、私はこの本のことは忘れていましたが、父はすでに原稿を書きあげて法藏館へ送付していたようです。父の病状が悪化したある日、苦しい息の中で「法藏館に原稿は渡してあるから、本をたのむ」と告げられました。

父の葬儀後、色々なことに追われて、なかなかこの本のことに取りかかれず、随分と時間がたってしまいました。やっと法藏館に行き、出版についての打ち合せをし、その作業に入りました。そして活字となって手元に届いた原稿にはじめて目を通した時、父の厳しい言葉に一瞬息をのみました。色々な思いが交錯し、私も家族も困惑いたしましたが、これは父の最後の思いがつまった原稿であり、本人が出版するつもりで法藏館へも送っていたものです。私たちでは慮る事のできないほどの思いがつまった原稿でしたので、端の者が手を加えることなく、そのまま出版をすることにいたしました。厳しい言葉の数々も、父の人生をかけて歩んだ仏道の足跡であり、またまことの信心を伝えんがための最後の叫びと思って、ご寛恕頂きたく存じます。

原稿に目を通す度に、私にはその父の思いがひしひしと伝わってきます。父が一生をかけて伝えたかったことが込められた、父のいのちの足跡です。しかし反面この原稿から見えるのは、半世紀以上がたつにもかかわらず、世間では何一つ決着がつかないままの、現状が記されています。戦争に協力した戦時教学は、何がそうさせたのか。またその反省はどのように総括されたのか。何が本当の安心で、何が異安心だったのか。まことの信心によればどのような生き方が示されるのか。何ら総括もされず、無責任に放置されている現実に対して、父はそれをハッキリさせるために、常に仏教の教えに依り、多くの経典を繙き、そして忠実に親鸞さまの教えに立ち返り、まことの信心を求め続けました。またその信心によって自ら先頭に立ち、仏教の教えるまことの安穏なる世の中を目指して行動し、晩年まで精力的に講演、執筆、運動と止まることなく活動いたしました。しかし晩年は身体的にも年齢的にも負担だったのが本当のところです。父の体調を心配して声をかけるといつも「菩薩道よ」と言っては、身体にむちうち出かけておりました。そのような父の信心がこの原稿に記されています。

父は一途にまことの信心を求め続け、波瀾万丈の人生を送りましたが、最後の言葉は「いい人生じゃった」「親鸞さまの事を書き続けたこの人生もいいご縁じゃった」と親鸞さまに出遇えたことを喜び、本当に満足しておりました。ただそう言いながらも「こうして親鸞さまのまことの教えを残したが、さて今後これがどうなるかじゃ」と、一抹の不安もこぼしておりました。本当に最後の最後までご法義の話をして、最後の最後まで、まことの信心を文字に残して私たちに伝え、お念仏とともにお浄土に帰っていきました。そこまで一生涯を「まこと」の教えにこだわって生き、そして父が出遇えた親鸞さまの教えの要をこうして残してくれたものです。

図らずも本書の発刊が、戦後七十年という節目の年であり、戦争前夜ともささやかれるいまこの時に、重なったということも、深い意味があるように思います。

何が本当で、何が間違っていたのか。まことの信心の生き方とは何か。残された私たちが、そのことを考え続け、決してこの先同じ過ちを繰り返さないように、ひとすじの道しるべを残してくれました。父信楽峻麿は「世のいのり」として、いまここに、生きて働いています。その言葉に耳を傾けて頂けるならば、父にとってこれ以上の喜びはありません。

最後に、父の意に添うことかどうかわかりませんが、父の「あとがき」を「まえがき」にさせて頂いたのは、まずは父のたどった人生の現実を皆様に受け止めて頂き、本文でその思想的根拠を明確にし、「あとがき」は身内が本書出版の経緯を書くという形で、皆様に父の本意をお伝えできるのではないかと思い至ったことです。

家族とはいえ、学問のない私が、私にとっても恩師である父の遺作の「あとがき」を書くというのは、大変僭越なことでございますが、色々と思案の末、そばで父を看取った家族の役目として、父の思いを伝えさせて頂くことにしました。浅慮ながら、なにとぞ意のあるところをお酌み取りいただき、お目通し頂ければありがたく存じます。

# あとがき

このような出版刊行をこころよく領承、応援して下さった、法藏館会長の西村七兵衛氏と社長の西村明高氏に深甚なる謝意を表し、またその編集業務を推進して頂いた岩田直子氏に心より御礼申し上げます。

平成二七年八月一五日

合掌

信楽晃仁

信楽峻麿（しがらき　たかまろ）
1926年広島県に生まれる。1955年龍谷大学研究科（旧制）を卒業。1958年龍谷大学文学部に奉職。助手、講師、助教授を経て1970年に教授。1989年より1995年まで龍谷大学学長。1995年より2008年まで仏教伝道協会理事長。龍谷大学名誉教授、文学博士。2014年９月没。
著書に『信楽峻麿著作集全10巻』『教行証文類講義全９巻』『真宗学シリーズ全10巻』『真宗の大意』『真宗の本義』『宗教と現代社会』『仏教の生命観』『念仏者の道』（法藏館）『浄土教における信の研究』『親鸞における信の研究上・下』『真宗教団論』『親鸞の道』（永田文昌堂）『The Buddhist world of Awakening』（Hawaii Buddhist Study Center）その他多数。

親鸞はどこにいるのか
二〇一五年一〇月二〇日　初版第一刷発行

著者　信楽峻麿
発行者　西村明高
発行所　株式会社　法藏館
京都市下京区正面通烏丸東入
郵便番号　六〇〇－八一五三
電話　〇七五－三四三－〇〇三〇（編集）
〇七五－三四三－五六五六（営業）

装幀者　佐藤篤司
印刷・製本　亜細亜印刷株式会社

ISBN 978-4-8318-3281-8 C0015